说说日本这点事儿

〔日〕后藤武士 著

傅玉娟 译

新星出版社 NEW STAR PRESS

新经典文化有限公司
www.readinglife.com
出　品

目录 | CONTENTS

第四章 平安时代

第五章 镰仓时代

第六章 室町时代

第七章　战国·安土桃山时代

第八章　江户时代

第九章　明治时代

第十章　大正～平成时代

前　言

　　这本历史书是抱着易懂、有趣、让人能一口气读完的目标写成的。简单来说，就是一本用于学习的、像漫画一样有趣的书。但是，如果画成漫画，这些内容恐怕需要 20 本书都画不完，但现在只用一本书就够了。回头想想，连自己都感到惊讶：我竟然挑战了这样高难度的课题！

　　努力总算有了回报。本书不仅受到学生、老师的好评，还受到了很多上班族的欢迎，不断加印。有的读者还说："虽然已经读完了，但还是不想送人，准备留在手边，当工具书用。"对于作者来说，没有比听到这样的话更令人高兴的事了。

　　本书的单行本出版两年了，有读者希望将该书以文库本（在日本，通常在单行本推出 2~3 年会推出文库本。文库本具有廉价、容易携带等优点）的形式重新推出。这本书的单行本销售量不错，尽管我有些犹豫，不过想到推出文库本可以让更多人看到这本书，还是毅然答应了。推出文库本时，我也犹豫过要不要改变文字风格，但是考虑到易读性更重要，还是决定保持原样，没做修改。在大家习惯这种文字风格之前，可能会被吓一跳，也就是所谓的"超口语体"，不再采用课堂、讲义、演讲那种正式的口吻，而是用电台 DJ 式的轻松语气来讲述历史。但是，大家可以放心，里面的内容很有深度。大家可能没读过专业的历史书籍，也没有对各个时代、人物、领域进行过细致的考证，但是通过阅读本书，我们可以大致了解日本的历史。希望本书能够让更多人关注历史，以史为鉴。现在，欢迎大家和我一起开始2000年的时光旅行，Have a nice trip！

后藤武士

写于满眼新绿之时

第一章　旧石器～古坟时代

〔日本的黎明〕

身处 21 世纪，我们可以通过互联网与世界上的任何人交换信息，连小学生都一边走路一边拿着手机，向世界的另一端发送瞬间即到的邮件。

但是，对于生活在 2000 年前的祖先而言，别说是通讯工具了，连纸和笔都没有。在那个时代，人们如何生活呢？当时没有留下文字记录，我们怎样才能了解人们的生活？日本远离广阔大陆，推动着世界经济的发展，孕育出了在世界上广受欢迎的各种产品、小说和动漫。现在，让我们来看看日本文化的起点吧。

旧石器时代

一般认为，数万年前，日本列岛和亚欧大陆相连。现在的日本海，当时应该是一个大湖。那时，人类使用由石头制造的打制石器，住在洞穴等地方，以狩猎或采集果实为生。打制石器又被称为旧石器，因此这一时代被称作"旧石器时代"。

说到石器，人们脑海中浮现出的大都是下文将要提到的新石器。打制石器非常简单，仅仅是将两块石头互相撞击，或是用石头撞击一个特别硬的地方，使其裂开或变得有棱有角，便于抓握。乍一看，这些石器跟普通的石头没什么区别，即使我们看到了，也不会留意。

打制石器就是这样一种看起来很普通的石头。

事实上，在世界其他地区的人类使用打制石器的时代，日本列岛上还没有人类居住。后人在长野县的野尻湖发现了诺氏古菱齿象和大角鹿的化石，可见当时日本列岛上确实存在这些动物，但是没有找到最重要的石器。直到二战结束后的 1949 年，日本才第一次发现了旧石器，由此确定日本也存在旧石器时代。发现这些旧石器的是一个叫相泽忠洋的人。

他于昭和元年，即 1926 年出生于东京，孩童时期就对考古学产生了兴趣，并通过自己的努力，自学了考古学。他经历了很多困苦，父母离异、当过伙计（战前，贫困家庭的孩子一般不上学，而是住到雇主家里当伙计）、被迫参军等，但他对考古的热爱始终未改。战后，他一边当行脚商卖纳豆，一边在工作之余对群马县的岩宿进行简单的挖掘，最终发现了打制石器的碎片。起初，这些碎片没有被承认是旧石器。但他仍然坚持挖掘，最终发现了几乎完整的打制石器。

政府接到发现打制石器的报告后，派某大学[①]的一位教授和一个考古队前往当地，进一步调查后发现这些石器确实属于旧石器。但是，这位教授被认为是旧石器的发现者，而相泽的功绩则被完全忽视了。不仅如此，相泽还被当成骗子，遭受了很多不幸。

现在，我们宁愿相信历史上没发生过这些事。但在当时，相泽不是大学教授，甚至没有在大学里学过考古学，所以他的功绩就完全被抹杀了。

不过，他没有因此消沉，后来又陆续发现了很多旧石器时代的遗址，最终得到了承认。真棒！

就这样，相泽证明了日本也曾有过旧石器时代。我们要感谢他对考古的热爱。

绳文时代

大约 1 万年前，地球上气温上升，冰川溶解，海平面上升，原本跟亚欧大陆相连的日本列岛变成了与大陆隔海相望的岛国。

此时，人们开始用泥土制作陶器。此时的陶器上带有绳纹，所以被称为"绳纹陶器"，这一时期也被称为"绳纹时代"，也作"绳文时代"。

绳文时代的人们除了使用旧石器，还使用新石器。新石器与打制

---

①明治大学考古研究所对岩宿遗址进行了正式发掘。——编者注

石器不同，是通过磨制石头制作而成，属于磨制石器。这一时期较有名的有磨制石斧等。此时气候变暖，诺氏古菱齿象等大型动物消失，但是还有鹿和野猪等动物，人类还继续狩猎，并采集植物果实，捕捞鱼类和贝壳。

为什么我们知道那个时代人们的生活状况？

书？很遗憾，那个时代的日本还没有文字。

那么，究竟是依据什么知道的呢？答案是垃圾场。

啊？垃圾场？是的，我们找到当时人们扔垃圾的地方，看扔了什么东西（当然，都处于石化状态），以此推测出当时的生活。他们留下的垃圾场被称为"贝冢①"。在日本，最早被发现的是东京的大森贝冢，是由美国人爱德华·西尔维斯特·莫尔斯（Edward Sylvester Morse）发现的。莫尔斯是位动物学家，明治初年来到日本，曾担任东京大学教授等职。神奇的是，他竟然在到日本的第二天就发现了大森贝冢。

通过发掘贝冢等遗址，人们了解到了很多原来不知道的事，发现了一种用泥土烧制的人形陶器，并将其称作"土偶"。目前尚不知道古人制作这种土偶的目的，但是，从土偶皆具女性特征这一点来看，一般观点是古人认为女性可以生育，具有神秘的能力，因此制作了土偶来表达对这种能力的崇拜。其中最著名的是头部为倒心形的心形土偶，以及看上去像戴着眼镜的遮光器土偶。

这一时代的人居住的房屋及墓穴没有明显差异，因此，可以认为还没有出现等级和贫富差距。当时人们在离水边较近的高地上建造竖穴式房屋，过着集体生活。

这种竖穴式房屋，正如其字面意思，是朝地面挖一个又大又浅的

---

①贝冢，即贝丘（Shell Mound），是史前时代人们捕食的贝类堆积遗址。——编者注

7

坑，正中间立起一根柱子，周围用芦苇等植物围挡起来的房屋，非常简单。

绳文时代遗址中，最有名的是青森县的三内丸山遗址。

弥生时代

绳文时代持续了一万年以上。只说一万年，可能没什么概念，大家可以想一下，从耶稣诞生到现在，也仅仅过了两千多年。这么一想，大概就能明白绳文时代持续的时间有多长了吧。

公元前 5 世纪左右，水稻种植技术从中国和朝鲜半岛传入了日本。水稻种植就是种植稻米。这是一件具有划时代意义的大事。在此之前，粮食不是人工种植，而是从自然界中采集得来的。也就是说，人们是靠天吃饭。当然，即使开始种植水稻，以当时的栽培技术，很大程度上人们还是靠天吃饭，这一点没有太大变化。但是开始种植水稻后，可以计算出每年能有多少收成，还是有重大意义。

可以说，这是人类第一次在日本改变自然的行为。

当时的人们种植水稻时，拿着木锄，穿着田间干活用的大木屐。

几乎在同一时期，青铜器也传入了日本。青铜器，顾名思义，就是青铜（红铜和锡的合金）制造的器具，也就是大家经常在美术馆里看到的那些青绿色的装饰品。人们用青铜制造了铜剑、铜铎、铜矛等物。铜剑和铜矛都是巨大的剑，铜铎是一种扁平的像钟一样的大铃。这些东西都很沉，不能当作武器使用。一般认为是用于祭祀和巫术。青铜器虽然没有什么实用性，却非常贵重。

之后，更轻的金属器具铁器传到了日本，并在日常生活中使用。

这个时代的陶器和之前的绳文陶器完全不一样，没有绳纹，更薄更坚固，形状更优美。这类陶器最初发现于东京的弥生町，因此被称为"弥生陶器"，这一时代就称为"弥生时代"。在弥生时代，人们开始栽培水稻，于是需要有储藏稻谷的地方。如果储藏的地方太低，稻谷就会被老鼠糟蹋。因此人们建造了干栏式建筑来储藏稻谷。这些建筑的柱子上甚至还有一些驱鼠装置。柱子的顶端安装了一块平的、略宽的木板，老鼠即使爬到了这里，也会因为没法抓住平平的木板而摔下来。古人的智慧真叫人不得不佩服啊。

这一时代的遗址中，以前最有名的是静冈县的登吕遗址，但是 20 世纪 80 年代末，佐贺县又发现了日本规模最大的环壕村落遗迹。环壕村落是指人们为了防止村落遭受敌人的攻击，在四周挖掘水渠或围上木栅栏的村落。这一遗址后来被指定为历史遗迹，命名为吉野里遗址。现在是一个非常大的历史公园，在里面可以看到复原后的干栏式建筑、瞭望台和神殿等。

绳文时代的人们也吃鱼和肉，但那时候人们不知道怎样保存这些食物，也没有当作货币来使用。不过稻米可以保存在干栏式建筑里。因此，在开始种植水稻的弥生时代，随着稻米保存数量的多少、保存质量的好坏，逐渐出现了贫富差距。而且，种植水稻需要集体作业，需要有领导者判断天气、指导灌溉，于是有了身份的等级差别。与此同时，还出现了对丰收或歉收进行占卜的具有宗教性权威的领导者。接着，村落出现了，村落和村落之间互相斗争或融合，形成了国家。有些国家成为周围国家追随的大国。这些大国中的领导者被称为王。下面我们就来简单说一下弥生时代的大国。

在弥生时代，日本还没有出现文字，因此也没有书籍流传下来，但同时代的中国已经出现了文字和书籍。当时中国的书籍中已经有对日本的记载了。所以，我们现在才能了解到当时日本的情形。

中国的史书中，最早提到日本大约是在公元前 1 世纪前后，也就是在基督诞生数十年前，距今两千年左右。当时，中国正处于汉朝。中国和日本不同，统治国家的国王（即皇帝。在中国，王指的是地位低于皇帝的某个地区的领袖）家族不断变换。每次更替时，王朝的名字也会改变。

比较有代表性的王朝有，传说中的夏朝，留下了著名的甲骨文的商朝，因始皇帝和万里长城而永留史册的秦朝，又经过了流传很广的"四面楚歌"故事的项羽刘邦之争。之后刘邦兴汉，汉朝分为西汉和东汉，持续了约400年。汉朝衰亡后，迎来了现在小说、漫画中最常提及的一个时代——魏、蜀、吴三国鼎立的时期。之后又经历了王朝频繁更迭的魏晋南北朝时期。接着，隋朝统一了中国，在日本，隋朝因为与圣德太子有关而家喻户晓。隋之后是唐，这个朝代也对日本产生了巨大的影响。唐朝灭亡后，中国经历了一个非常复杂的时代。南方处于宋朝的统治之下，宋朝与平清盛有贸易往来。后来，成吉思汗的孙子忽必烈大汗建立了元朝，元朝曾两次攻打日本。之后的明朝曾和足利义满进行贸易。明朝之后是由满族人建立的清朝。清朝灭亡后，中华民国成立。第二次世界大战之后，由共产党领导的中华人民共和国成立。在这漫长的历史中，虽然掌握日本政治的核心人物不断变换，但一直处于天皇家族的统治之下。

在中国的王朝中，最早提到日本的是西汉。在记载当时历史的《汉书·地理志》中对日本有过简单的介绍。其中记载"夫乐浪海中有倭人，分为百余国"。

意思大概是"在乐浪郡（位于现在的朝鲜）的海①的另一边，住着一些叫做倭的人，他们分为百余个国②"。

在《汉书·地理志》中还记载了当时的倭人定期向汉朝皇帝进贡。

---

①乐浪海应指黄海和东海一带。——编者注
②此时真正意义上的国家尚未形成，这里的"国"指部落或部落联盟。——编者注

石器和陶器、土偶的变化

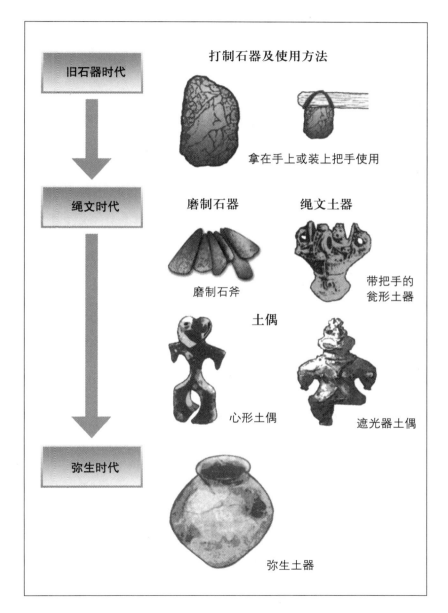

打制石器及使用方法

拿在手上或装上把手使用

旧石器时代

绳文时代

磨制石器

磨制石斧

绳文土器

带把手的
瓮形土器

土偶

心形土偶

遮光器土偶

弥生时代

弥生土器

接下来，中国史书《后汉书·东夷传》中对公元1世纪的日本也有记载。《后汉书》是记载东汉历史的史书。因为汉朝一度被王莽篡权，所以之前的汉朝被称为西汉，而打败王莽建立的新、重新夺取政权之后的汉朝被称为东汉。而东汉的史书就被称为《后汉书》。这部书中有一章是《后汉书·东夷传》。其中有了关于倭奴国的记载。当然这里说的国并不是指整个日本，而是日本列岛众多小国家中的一个（据说倭奴国是位于北九州的一个小国）。

　　该书记载：东汉光武帝曾赐金印于倭奴国使者。以前人们都以为这个记载不一定是事实，不过，江户时代（1603~1867年）的一个考古发现证明了这的确是历史上发生过的事。

　　有一天，在现在的福冈县志贺岛，一个叫做甚兵卫的人在田里翻地的时候，发现了一个金光闪闪的东西。大家可能猜到了，这就是那颗金印。这颗金印是用真正的金子做成的。调查后发现，这就是《后汉书·东夷传》中记载的那颗金印。最有力的证据是金印上雕刻的文字：上面雕刻着"汉委奴国王"几个字。这几个字在日语中应该怎么读，大家意见不一。但是按照学术界的一般说法，应当读作"Kan-no-wa-no-na-no-ko-ku-o"，意思是"汉朝委任（"委"字可能是"倭"字的简写，指日本）的奴国的国王"。可能当时倭奴国正与日本其他小国争霸，为了获得超越其他国家的优势，向汉朝进贡，将自己纳于汉朝的统治范围之内，以威慑周围诸国——"你们要胆敢进攻倭奴国，汉朝是不会袖手旁观的"。类似的事情即使在今天依然会发生。比如，新生打架，有的人会拉高年级的学生来助阵，以获得比对方更大的优势，道理都是一样的。虽然不知道实际上有多大效果，但是当时汉朝的名声很大，应该会有一定的效果。

　　接下来中国史书中记载的是著名的邪马台国。3世纪时，《三国志·魏志·倭人传》中有关于邪马台国的记载。《三国志》是部记载了

古代日本、朝鲜、中国的比较年表

公元纪年	BC	AD	100	200	300	400	500	600	700
日本	绳文	弥 生			大 和				奈良
重要事件	《汉书·地理志》关于「倭人」的记述	57年《后汉书·东夷传》光武帝赐金印于奴国使者		239年《三国志·魏志·倭人传》卑弥呼出现	390年左右 大和国与高句丽、新罗发生战争	421年～ 倭五王向宋朝进献贡品		600年～ 开始派遣遣隋使 630年～ 开始派遣遣唐使	710年 迁都平城京
朝鲜					三国（新罗、百济、高句丽）				新罗
中国	西汉	东汉		三国	西晋 东晋	南北朝		隋	唐

魏蜀吴三国时代的史书，又分为《魏志》《蜀志》和《吴志》。其中，《魏志》共有 30 卷，仅有一卷中的几页提到了邪马台国。根据《魏志·倭人传》的记载，邪马台国的女王叫卑弥呼。当时日本有三十多个国家向魏国派遣了使者。邪马台国统治了很多国家，不过还是有一些国家不在其统治范围内。卑弥呼和倭奴国一样，得到了汉朝赐予的金印，遗憾的是，到目前为止还没有发现这颗金印。卑弥呼还得到了"亲魏倭王"的称号，意思是亲近魏国的倭国国王（因此得到承认）。卑弥呼似乎还会使用妖术，大概是一种类似于今天的咒语之类的东西吧。据说卑弥呼去世之后，有百余位奴隶生殉，可见这个时代已经存在等级身份的差异。此外，还记载有卑弥呼死后，男性国王继位，随后发生内乱，最后 13 岁的女王壹与（有读作 YIYO，也有读

作TOYO）继位，重新统一了国家。但是，邪马台国究竟在什么地方，目前依然不明，这成了日本古代史上最大的谜题之一。《魏志·倭人传》中记录的到达邪马台国的路线也不清楚。因此，根据不同的理解，关于邪马台国所在地有好几种说法。

其中最有说服力的是"北九州论"和"畿内论"。北九州论最有力的理由是当时北九州是日本到中国、朝鲜的门户。而畿内论则考虑了邪马台国与之后出现的大和国的联系。你赞成哪种说法呢？

古坟时代 ①

此后，到了3世纪后半期，人们在以大和（今奈良县）为中心的畿内各地建造了被称为古坟的巨大坟墓。因此，这一时代被称为古坟时代。古坟的形状不一，有圆坟（像倒扣的碗或盛满了饭的碗）、方坟、上圆下方坟等，其中最独特的是日本独有的前方后圆坟。

前方后圆坟是一种像钥匙孔形状的古坟，只能在日本看到。最著名的是位于大阪堺市的大山古坟（大仙古坟）。这是世界上规模最大的古坟之一，长达486米，高30多米，坟墓的外周长度达3000米。因为坟墓太大了，所以站在近处看，会以为是一片森林。就算绕着古坟周围走一圈，也只能看到最外侧的壕沟（故意建在古坟四周，壕沟里的水很污浊）。从堺市政府所在的21层高楼望去，可以看到古坟的全貌，不过航空拍摄的照片应该是最清楚的吧。

这座古坟原先被称为仁德天皇陵，由于负责管辖这座古坟的宫内厅（日本政府中掌管皇室、即天皇家族的各项事物的机构）没有颁发

---

① 又称为"大和时代"。——编者注

古坟的调查许可（调查天皇的陵墓需要谨慎考虑），因此坟内的具体情况仍然未知。也不知道这是否真是仁德天皇的陵寝。根据古坟所在地的地名，现在这座古坟被称为大山古坟。

古坟四周排列着的陶器被称为"埴轮①"。埴轮有各种形状，如士兵、马、巫女（侍奉神的女性）、房屋等。为什么古坟四周会放这些呢，这一点目前还不明确，比较有说服力的说法是，国王去世之后，他生前的仆人们会一起被活埋到坟墓里，这样的做法过于残忍，才有了用埴轮来代替的方法。正是因为有了埴轮等陪葬品，我们才能够对当时的生活有所了解。

能够建造大山古坟这样规模巨大的坟墓，说明当时的日本已经出现了拥有巨大势力的政权。这个政权以今天的奈良县，也就是大和地区为中心，被称为大和国（也被称为大和朝廷、大和政权、大和王权。严格来说，这些称呼的意思各有不同，但在这里大家可以不用深究，选择自己喜欢的称呼记住即可）。大和国最初应当是各个豪族的联合政权。5世纪左右，以近畿为中心，南至九州，北至东北地区的南部都处于其统治范围之内。大和国的国王被称为大王。

4世纪末，大和国跨越大海，与当时朝鲜半岛的高句丽和新罗发生了战争。记录这一事件的好太王碑现存中国境内。好太王，别名广开土王，是当时高句丽的国王，他的儿子为了赞美他的治世之功刻了这块碑，上面不仅记载了好太王开拓疆土的事迹，还记录了他打败倭国军队的功绩。

5世纪，日本出现了5位国王，史称"倭五王"，他们曾向中国派遣使者，携贡品向当时统治着中国一部分地区的宋朝②进贡。

这5人分别是赞、珍、济、兴、武，但这不是他们的原名，而是

①埴轮，日本古坟顶部和坟丘四周排列的素陶器的总称。——编者注
②宋朝，即南北朝时期的南朝宋，又称"刘宋"。——编者注

宋朝皇帝为了方便取的中国名字。他们大概就是大和国的历代天皇，为了在与朝鲜半岛的战争中取得有利地位而寻求宋的支持吧。但他们分别是哪位天皇，目前为止尚无定论。

这一时期，很多大陆上的人来到日本，带来了土木、纺织等各种技术，这些人被称为"渡来人"。据说后来的苏我氏就是渡来人中的一族。

第二章　飞鸟～天武王朝时代

〔形成以天皇为中心的国家〕

提到日本历史，天皇是不得不说的话题。他们时而是神，时而是皇帝，时而是大臣的傀儡，时而又是英明的政治家或鲁莽的暴君，活跃于日本历史的各个时期。

这个以天皇为中心的国家形成于飞鸟时代。谜一样的天才圣德太子、勇敢又胆小的中大兄皇子、武勇和谋略的化身——天武天皇都属于这一时代。这一章，我们将了解这些人物一生的起起落落，并探讨以天皇为中心的国家是如何形成的，还可以看到在天皇之下羽翼逐渐丰满的藤原家族的身影。现在，就来仔细看一下天智、天武两个王朝。

苏我氏横行

圣德太子登上历史舞台之前,日本由以大王^①为中心的豪族联合政权——大和国统治着。在大和国,地位最高的是大王,但是这时有一个家族比大王还要横行霸道,就是苏我氏。

苏我氏和物部氏把持了朝政。后来,苏我氏和物部氏之间因是否承认佛教这一问题产生了分歧。结果,苏我马子消灭了物部氏。其后,苏我氏愈发气焰嚣张,权势隐超王权。而圣德太子上台后,适时地压制了苏我氏的气焰。

推古天皇的摄政——圣德太子

593 年,圣德太子作为推古天皇的摄政皇太子,华丽地登上了政治舞台。

推古天皇是一位与众不同的天皇。她是一位女性,女性天皇一般被称为女帝。推古天皇是日本第一位女帝,需要有人辅佐。于是,她设立了摄政一职,即"当天皇为女性或孩童时,负责辅佐天皇的人"。

---

①大和国君主的正式称呼,关于日本"天皇"这一称号出现的确切时期,目前尚无定论,代表说法有 3 种,即圣德太子时期(593~622 年)、天武天皇时期(673~686 年)和圣武天皇时期(724~748 年),而在《日本书纪》一书中,已将"大王"、"大君"、"皇尊"等名词一律更为"天皇"。——编者注

冠位十二阶和《十七条宪法》

圣德太子作为推古天皇的摄政，留下了很多历史功绩。

首先，603 年，圣德太子改革了旧有的氏姓制度，制定了新的录用制度，使有能力有功绩的人能够成为朝廷官员。这一制度被称为"冠位十二阶"。

冠位十二阶将官位分为 12 个等级，以冠帽颜色来区分，冠帽有 6 种颜色，每种颜色又分深浅两色①。但上文提到的苏我氏族长苏我马子就是例外，他位于十二阶之上，所以很难说这一制度实际发挥了多大的作用。尽管如此，官位制度化本身就具有划时代的意义。

翌年，圣德太子又制定了非常重要的《十七条宪法》。这部宪法由 17 个条文组成。需要注意的是，这里所说的宪法和我们今天的宪法不一样。今天的宪法（指日本宪法）不仅首相、其他部长以及公务员应该遵守，每一个公民也必须遵守，是国家最重要的法律。但是这里所说的《十七条宪法》不是这个意义上的宪法。因为在那个时代，普通百姓都不识字，也没有多少人明白那些难懂的词句。所以这部宪法是针对官员制定的。

也就是说，《十七条宪法》是辅佐天皇的朝廷官员必须遵守的思想准则。通俗点说，就是"你们在我手下做事，就必须要遵守这些规矩"。《十七条宪法》的主要内容有以下几条：

一曰，以和为贵。

---

① 12 个等级为大德、小德、大仁、小仁、大礼、小礼、大信、小信、大义、小义、大智、小智，分别与"紫、青、赤、黄、白、黑"这 6 种颜色的深浅两色相对应，如大德对应深紫，小德对应浅紫。——编者注

简单来说，即"大家都要和睦相处"的意思。"和"就是和平，官员应将其视为珍贵、重要的东西。由此可见，这一时期豪族之间纷争不断。

二曰，敬重三宝。

三宝是指"佛"、"法"、"僧"。就是说，要敬重佛、佛的教诲，以及讲法的僧人。简而言之就是要重视佛教。

在这之前，日本信奉神道，重视以天照大神为首的皇室祖先诸神（包括非皇室祖先的神在内，一般称为"八百万神"，八百万是"无限"的意思，并不是确切的数字）。圣德太子虽然出身天皇家族，却将这些神放在一边，提倡重视佛教。这一行为在今天看来似乎没什么大不了，在当时却具有重要的意义。

三曰，奉诏必谨。

"诏"指天皇的命令。这一条的意思就是接到天皇的命令之后必须遵从。

从这些条文可以看出，圣德太子想要打造一个什么样的国家。最重要的是"和"，也就是和睦，要有沟通的精神。这一点如今也深深影响着日本，很多日本人认为任何问题都可以通过沟通解决。所以日本人喜欢开会，不喜欢裁决。或许是因为害怕将事情弄得黑白分明，决断出谁胜谁负，容易招致怨恨、授人口实。直到今天，在民事裁决中，法官还是会劝双方当事人和解，尽量避免下达判决。圣德太子认为，第二重要的是当时作为外国宗教的佛教，而天皇则被排在了第三位，可见圣德太子是何等重视"和"与佛教。

派遣遣隋使

此时，中国出现了一个大帝国——隋朝。和日本不同，在中国，皇帝的家族不断更换，王朝的名字也不断改变。事实上，因为中国幅员辽阔，所以历史上统一的王朝并不多。大多数时候是不同王朝统治不同地区。著名的三国时代就是典型代表，当时魏、蜀、吴三分天下。隋朝是少见的统一王朝之一 [①]，但寿命短暂。第二代皇帝隋炀帝驱使整个国家的民众开凿大运河，又数次征伐朝鲜的高句丽，却以失败告终。这些作为导致国力日渐衰弱。

在隋炀帝时期，圣德太子向隋朝派遣了使者，这就是遣隋使。

607 年，人数众多的遣隋使团，分乘几艘船，组成船队，出发前往隋朝。当然，那个时代，日本没有领航员，没有指南针，甚至连航海图都没有，航海是一件以命相搏的事。

这次遣隋使的代表人物是小野妹子。小野妹子是平安时代著名女诗人小野小町和书法家小野东风的祖先。他把圣德太子的国书送到了隋炀帝手里。这封国书非常了不起。

大家只要回想一下受赐金印的倭奴国和汉、邪马台国与魏的关系就知道，在这一时代，中国不会和其他国家建立对等的外交关系（此时的中国有一种华夷思想，认为中国是处于世界中心的最伟大的国家，周围都不过是蛮夷统治的地区。当然，日本也认为自己是日出之国，所以没什么立场评判别国的这种想法）。中国称呼周边地区的民族为东夷、北狄、南蛮、西戎等，从字面上就可以猜出其中的意思。

---

①有关中国古代统一和分裂的问题，学术界仍存争论，主要集中在对统一与分裂的定义方面，主流观点认为统一始终是历史发展的主流。隋朝作为统一王朝并不"少见"。——编者注

当时的中国认为，周围住的都是野蛮人。正如这些称呼中表现出来的思想，当周围国家的使者拿着贡品向中国皇帝说"请让我成为中国的臣民吧，请承认我为某某国的国王吧"，皇帝会回答"好，今后也要忠诚哦"，然后承认对方为某某国的国王（金印就是证据）。这种关系有一个比较难懂的专业名称，叫做"朝贡外交"。简单来说，就是对方必须先低头才可能和中国建立外交关系。但是，圣德太子却写了这样一封出乎意料的国书：

"日出处天子致书日没处天子，无恙？"

大概意思是，我作为日出之国国王，致信于日落之国国王，怎么样，身体好吗？

这在当时看来非常过分。从地理上看，日本位于中国的东边，是日出之国，中国在日本的西边，所以是日落之国。但是，"日出"从字面上看，可以理解为国家的发展势头良好，而称隋朝为"日落之国"，也可以理解为虽然现在国家强盛，但是很快就要衰落了。可想而知，原本就喜怒无常的隋炀帝接到这封国书时，必定勃然大怒。小野妹子大概是抱着必死的心情呈上这封国书的吧。这封国书不仅言辞失礼，还要求双方进行对等外交。结果怎么样呢？事实上，小野妹子没有被杀，而是平安无事地回到了日本。但是，返程时隋朝没有回复国书，可能是故意如此。虽然隋炀帝大怒，但前面说过，这一时期隋朝和高句丽等周边国家正处于战争状态，所以他也不想再和日本成为敌人。次年，隋炀帝派遣裴世清出使日本，开始与日本交流。

这件事圆满结束，当然是个好结果，但是对于宣称"以和为贵"的圣德太子来说，这是一次非常大胆又冒险的外交行为。或许圣德太子对内和对外用的是两张面孔。

飞鸟文化

圣德太子时期的文化被称为"飞鸟文化"。飞鸟文化有两大特点，一是以佛教为中心，二是国际色彩很浓。

首先，圣德太子重视佛教，所以以佛教为中心是理所当然的。其次，飞鸟文化不仅受到中国、朝鲜半岛百济的影响，甚至还受到遥远的希腊、波斯和印度文化的影响。

最具代表性的要数法隆寺。这是世界上现存最古老的木制建筑。金堂的柱子中间稍稍鼓起，这种形状称为凸肚状，据说是间接受到了希腊巴特农神庙建筑风格的影响。现存的雕刻作品中，以雕刻师鞍作止利①雕刻的释迦三尊像和百济观音像最为著名。释迦三尊像供奉在法隆寺的金堂中，被指定为日本的国宝。百济观音像是木制雕像国宝，也在法隆寺。此外，玉虫厨子也非常有名，是一个可容纳一人大小的佛龛，四周贴满了吉丁虫（日语称之为玉虫）的翅膀，也是日本的国宝之一。

大化改新

圣德太子去世后，苏我氏重掌大权，天皇颇为忧虑。苏我氏甚至将圣德太子之子山背大兄王一族全部杀害。此时，中大兄皇子和中臣镰足在一片血雨腥风中走上了政治舞台。有一种说法是，有一天，中

---

①鞍作止利，即鞍作鸟。——编者注

大兄皇子在玩蹴鞠，球滚了出去，被中臣镰足捡到，他趁着这个机会向中大兄皇子提出了消灭苏我氏的计划。

他们借三韩（当时朝鲜半岛上的 3 个国家高句丽、百济、新罗）使臣到访一事，将当时苏我氏的核心人物苏我入鹿哄骗出来。使臣向天皇敬献贡品的仪式在皇宫内举行。入鹿进皇宫参加仪式，按规定解下了佩刀，手无寸铁。原计划是在苏我仓山田石川麻吕（苏我家族的一员，但是站在皇子一边）朗读使节带来的国书时，将入鹿斩杀。但是大家都很紧张，谁都没有动。负责宣读国书的石川麻吕吓得浑身发抖，引起入鹿的怀疑。最后，中大兄皇子鼓起勇气，杀死了苏我入鹿。

苏我入鹿死后，其父苏我虾夷和苏我一族据守家中，负隅顽抗，但最终被中大兄皇子带兵包围。原本站在苏我氏一方的豪族们听从皇子的劝说，纷纷袖手旁观。苏我虾夷万念俱灰，自焚而亡。就这样，从古坟时代到飞鸟时代实力最强大的豪族苏我氏灭亡了。这件事发生在 645 年。

645 年苏我氏灭亡后，朝廷进行了大化改新。

改新之诏

朝廷在成功消灭苏我氏之后，进行了各种改革。这一系列改革就是大化改新。

这时日本出现了历史上第一个年号——大化。现在，一个天皇一生只用一个年号，但在那个时代往往会因为有好事或不祥的事情发生而改变年号。推古天皇之后，她的皇子继位，称孝德天皇。那么中大兄皇子去哪儿了？他成了皇太子。关于中大兄皇子为什么没有直接继承皇位，历来有各种说法。一般认为，天皇责任重大、又没有行动自由，所以中大兄皇子先选择了相对自由的皇太子身份。其实朝廷的实权掌握在中大兄皇子手中，他将都城从飞鸟迁到了难波（今大阪）。

随后，朝廷颁布了改新诏书。这在日本历史上意义重大，我们详细地介绍一下。

1、**公地公民**　"地"指的是土地，"民"指的是国民。"公"的意思是属于国家。当然，在这个时代，国家就意味着天皇。所以公地公民的意思就是土地和国民都属于天皇！今天看来，可能会觉得这样的主张非常过分，但在那个时代，这是理所当然的事。

2、**实施班田收授法**　朝廷以唐朝的均田制为摹本，制定了班田收授法。根据该法，朝廷制作户籍，将田地分给国民。这些田地称为口分田。现在听了可能会觉得免费分得田地，真是太幸运啦！事实上，得到这些田地并不是什么值得高兴的事情。国民满6岁后可以分到口分田，男子分得的面积是二段（相当于2400平方米的正方形），女子的口分田是男子的2/3。受田人死后，必须将其获得的口分田还给国家。并且，按照口分田面积的不同，还要缴纳沉重的赋税。也就是说，"给你这么多土地，你要好好耕种，上交稻米"。对于百姓来说，这并不是什么很想得到的土地。

3、**租庸调制**　这也是模仿中国制定的税收制度。百姓必须缴纳3类赋税。首先是租，即必须上缴收成的3%。其次是庸，百姓必须在一定时间内到都城承担土木工程等劳役。但是，对于生活在地方的人来说，到都城去非常辛苦。因此一般是缴纳一定的布匹来代替劳役。最后是调，指各地特产。在农业技术还不发达的时代，要交纳如此多的赋税，百姓非常辛苦。

4、**国郡里制**　即模仿当时的中国，将国家分为国、郡、里，相当于今天日本的都道府县和市町村。朝廷委派各个国、郡、里的国司、郡司及里长，以求形成中央集权的国家。这些方针真正实现是到了 8 世纪后，即《大宝律令》颁布之后。

白村江之战

位于朝鲜半岛的百济与日本关系密切。唐朝取代隋朝统治中国之后，唐和新罗的联军在 660 年攻入百济，百济灭亡。为了复兴百济，日本向朝鲜半岛出兵，与唐朝和新罗的联军发生了激战。这就是 663 年的白村江之战。战争初始，日本占据优势，但由于唐朝水军大规模增援以及百济遗民的内讧，日本最终战败。

中大兄皇子害怕唐朝进攻，将都城迁到了位于内陆的大津（今滋贺县大津市）。他在此即位，成为天智天皇（《百人一首》①中的第一首和歌就是他做的）。天智天皇颁布了《近江令》等法令（也有人认为他只是想制定而未落实）。同时，为了防备唐朝的进攻，他在大宰府②建造了沟渠和土垒构成的防御工事，名为"水城"，并配备了"防人"，即驻防的士兵，又在都城附近建造了"山城"。可以说他的晚年是在对唐朝的无尽恐惧中度过的，并在 671 年谜一般地去世（猝死，朝廷编纂的史书中也没有说明具体死因，因此死于暗杀的说法非常盛行）。

---

① 《百人一首》，又称《小仓百人一首》，汇集了日本王朝 700 年的 100 首名歌，是最广为流传的和歌集。——编者注
② 大宰府，平安时代九州地区的管理机构。后文出现的太宰府为太宰府市，是大宰府的所在地。——编者注

壬申之乱与《大宝律令》

672年，天智天皇死后，其弟大海人皇子与其子大友皇子的皇位之争导致了战乱，这就是壬申之乱。据说，天智天皇临终时将大海人皇子叫到枕边，对他说，"希望今后由你来掌权"。大海人皇子认为，"这是个陷阱，我要是答应，肯定立刻就会被杀掉"，于是回答，"不，皇兄还有数位优秀的皇子，我准备出家，再也不理世事"，并离开都城，前往美浓（今岐阜县）。听到这件事的人都认为，这无异于放虎归山。当然，这些传说都非常戏剧化，谁也不知道真相如何。不过，大海人皇子前往美浓一事应该是事实，因为后来他正是率领美浓的精锐部队与大友皇子一决雌雄。最后，大海人皇子获胜，大友皇子自杀。翌年大海人皇子继位，称天武天皇。也有人说大友皇子实际上已经登基成为天皇。这样的话，大海人皇子的行为就是叛乱了。大友皇子在明治时期被追谥为弘文天皇。

天武天皇将都城迁到了飞鸟净御原宫（今奈良县明日香村），并制定了日本最早的律令——《飞鸟净御原令》。

天武天皇是一位充满谜团的人物，有人认为，他不是天智天皇的弟弟（这种说法有一定的可信度）。天武天皇及其后代统治的王朝被称为天武朝，而天武朝的天皇大都很不幸。天武天皇的皇后是天智天皇的女儿，也就是后来的持统天皇（《百人一首》中第二首和歌的作者）。她将儿子草壁皇子立为皇太子。但是草壁皇子没有继位就英年早逝。为了等草壁皇子的儿子轻皇子长大成人，她自己即位成了持统天皇。据说，持统天皇还铸造了日本最早的金属货币——富本钱，建造了都城藤原京，位于今天的奈良县橿原市。

轻皇子长大后，即位成为文武天皇。他也体弱多病，二十多岁就过世了。在他统治期间，701年，日本制定了一部真正的律令——《大宝律令》。

和同开珎

708年，在元明天皇统治期间，武藏国秩父（今埼玉县秩父）发现了铜矿。为了纪念发现铜矿，天皇将年号改为和铜，并制造了称为"和同开珎"的铜钱。在1998年发现可确定铸造年代的富本钱出土之前，这是日本最古老的货币。

第三章　奈良时代

〔平城京和佛教时代〕

无论是去参加修学旅行的中小学生，还是想感受古老东方神韵的外国人，或是想从古代寻找浪漫的年轻人，一看到奈良公园的小鹿都会情不自禁地微笑。而奈良大佛则以雄伟的气势抚慰来访者的心灵。奈良就是这样一个古都，无论去过多少次，总会有新发现。

但是，曾经生活在这个古都的人们却并不像我们想象中那样无忧无虑。不仅是农民，贵族也有各种各样的烦忧，在奈良时代，所有人都在努力地生活着。

在那个没有大型吊车和建筑设备的年代，圣武天皇为什么要下令建造如此巨大的奈良大佛呢？人们想通过佛教祈求什么，又从何处得到救赎呢？下面我们就来看一看佛教如何在圣武天皇的提倡下，逐渐壮大势力吧。

平城京

710 年，天智天皇的第四个女儿元明天皇仿照唐都长安，在奈良营建了都城平城京。

吃纳豆①的平城京。

正如歌词"多么壮观的平城京"一样，平城京的确是一个非常壮观的都城。首先看到的是皇宫。笔直的朱雀大街以皇宫为起点，南北走向，宽约 70 米，长约 5000 米。朱雀大街的另一端是与皇宫遥遥相对的罗城门。东西走向、约 6000 米长的数条大路与朱雀大街垂直相交。整个城市看上去像黑白棋或将棋的棋格那样整齐②。

有这样一首和歌：

"奈良香满城，花开正酣时。"

这是《万叶集》（详见本书第 40 页）中收录的歌人小野老咏叹平城京胜景的一首和歌。现在，平城京遗址已经登上了《世界文化遗产名录》。据说，迁都平城京主要是由藤原镰足（大化改新的功臣）的儿子藤原不比等推动的。

和都城的壮观形成鲜明对比，这个时代充满了苦难。人分为良民和贱民，贱民没有自由，其中的奴婢更是可以任意买卖。

---

① 7（na）和 10（to）在日语中连读之后很像纳豆 (na-to-) 的读法。在这里以"纳豆"暗指平城京建立的时间——710 年。

②黑白棋，又叫反棋、奥赛罗棋、苹果棋或翻转棋，在西方和日本很流行。将棋，又称本将棋、日本象棋。——编者注

农民深受租庸调的重税之苦。事实上，即使到了这个时代，关东地区的农民依然住在竖穴式房屋里。还有人被迫参军成为防人，到北九州从事防御工作。此时，日本视朝鲜和中国为假想敌，将距离这两国最近的北九州作为防御重点。防人的生活非常艰辛，他们拼死守卫国家，却没有军饷。而且，路费和伙食费还要自掏腰包。防人主要是关东地区的人，在没有电车和汽车的时代，从关东走到九州非常艰苦。而且，在当防人期间，依然要缴纳赋税。

下面是《万叶集》中收录的防人咏唱的和歌：

"父母抚我头，临行殷切嘱，话犹在耳旁，片刻未曾忘。"

意思是，作为防人离开家的那天，父母摸着我的头，一遍遍嘱咐"要照顾好自己"、"要平平安安的"，这些话一直留在心头，从未忘记。

真可怜！这样的和歌还有很多，下面这首描写的是一位父亲不得不抛下孩子去做防人的情形：

"稚儿牵我襟，泣啼唤莫行。掩面忍心去，更叹母早离。"

意思是，孩子抓着我的衣摆，叫着"父亲不要走"，但我不得不抛下孩子出征。孩子们早已没有了母亲啊！

母亲早逝，父亲又被迫离家的孩子能否生存下去？这是多么凄惨哀伤的和歌啊！

《万叶集》中还有一位叫山上忆良的歌人（他出身于身份较低的贵族家庭，所以吟咏一些描述农民贫困生活的和歌），从他写的《贫穷问答歌》中可以清楚地了解当时农民的贫困生活。

农民生活悲惨，那贵族们是否就过着幸福的生活呢？事实并非如此。确实，贵族们既不用为沉重的赋税而烦恼，也不会被迫去当防人，更不用住在竖穴式房屋里，但他们却深陷权力纷争中难以自拔。在那个时代，如果不小心违背了命令，就会被加上很多无端的罪责，严重的甚至会丢掉性命。而上级之间也存在官位和职位的争夺，就算小心翼翼不违反上级的命令，但如果上级在权力斗争中失败，自己也会被卷入其中。虽然和奴婢、农民相比，贵族的生活要好很多，但也绝对谈不上轻松。

《三世一身法》、《垦田永世私财法》和律令的崩坏

在这样的情况下，农田荒芜，人口却增加了，造成了口分田不足。

虽然朝廷鼓励百姓开垦荒地，但农民们忙于自己的口分田，没有精力去开垦新田。于是，朝廷颁布了《三世一身法》，奖励开垦新田的人，允许新开垦的土地在三代之内作为家庭私田。在孙子死后，新田收归国家所有。

该法在今天看来很有吸引力，但在当时却没什么效果。因为，那时没有耕作机械，连铁制农具都只有少数人拥有，因此，要把荒地变成良田，需要花好几年的时间。而且，好不容易开垦出来的良田，三代后就收归国家所有。现在我们会觉得三代人算下来时间很长，但在那时，人的寿命较短，且在相当于今天初中生的年纪就结婚生子了。因此，三代的时间很短，并不划算。所以《三世一身法》没有多大效果。

《三世一身法》颁布于723年。之后，朝廷又于743年颁布了《垦田永世私财法》，同意新开垦的土地永归私人所有。

新法的效果很好。但是，这个法律却让朝廷作茧自缚。在下一章中将会详细叙述。

圣武天皇和大佛

　　终于，奈良时代的大 BOSS 圣武天皇登场了。他是元明天皇的孙子。孙子？是不是觉得有点奇怪？事实上，奈良时代的天皇和皇太子大都体弱多病，在下一任天皇长大成人之前，往往由已故天皇的妻子或母亲先即位为天皇。所以，这个时代出现了多位女帝。圣武天皇的父亲，就是前一章最后提到的文武天皇，在 25 岁时抛下年幼的圣武天皇（当时的首皇子）过世了。因此，在皇子长大成人之前，先由文武天皇的母亲元明天皇作为代理者即位，之后圣武天皇的姑姑元正天皇即位，最后才轮到圣武天皇。文武天皇的父亲是前文提到的草壁皇子，他在 28 岁时去世。因此，在文武天皇成年之前，由他的祖母、草壁皇子的母亲继位为持统天皇。就是说，同样的事情发生了两次。关于持统天皇，《百人一首》中收录了她的一首和歌，非常有名："不觉春已过，薰风袅袅漫步还，翠笼香具山。往岁白衣一片片，今年又谁晒衣衫？"她是天智天皇（中大兄皇子）的女儿，同时也是天武天皇的皇后。

　　终于等到男性天皇出场了。可以想象，在他身上凝聚了多少期望。但是，圣武天皇所处的时代不是一个好时代。他的妻子是藤原不比等的女儿光明子，藤原氏希望她能成为皇后。虽然那时非皇族的女性可以成为天皇的妻子，却不能成为皇后。天武天皇的孙子、当时代替年幼的圣武天皇执政的长屋王强烈反对立光明子为后。正在这时，圣武天皇和光明子生了基皇子，孩子一出生就被立为皇太子。可以看出，为了让流淌着自己家族血液的天皇即位，藤原家族在背后付出了巨大努力。但是，好不容易才成为皇太子的基皇子不到一岁就夭

作为代理者的女帝

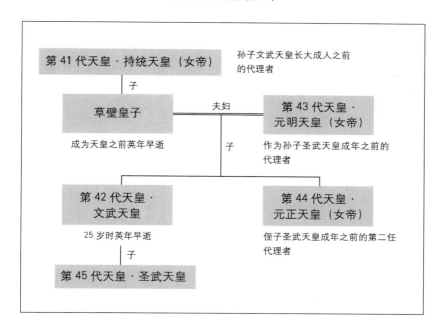

折了（可见，奈良时代皇室男性中体弱多病的人非常多。圣武天皇活了五十多岁，也一直是多病之身）。基皇子的死让圣武天皇和光明子非常悲痛。对藤原家族也是巨大的打击。但是，藤原家族的可怕之处在于，他们连这件事都能充分利用，声称基皇子之死是受到了长屋王的诅咒，最后逼得长屋王自杀（即729年长屋王之变）。终于，反对的声音消失了，光明子成为第一位非皇族出身的皇后。真叫人慨叹不已。

但之后，光明皇后（即光明子）的兄长们，也就是藤原家的四兄弟先后病亡，而且灾害频发，天花盛行。其间，圣武天皇多次迁都，但情况并未好转，最后又迁回平城京。

于是，圣武天皇试图借佛教的力量来解决眼前的困难，驱走灾难。741 年，他发出命令，要求各地建立国分寺和国分尼寺[1]。按照现在的情况，就是要在各个县厅所在地建立一座国立寺庙和一座尼姑寺。

后来，他又在都城建造了东大寺，并在东大寺的金堂（大佛殿）塑立了卢舍那佛像[2]，这就是著名的奈良大佛。大佛用青铜制造，非常壮观，据说建造完成时，还在表面镀了一层金，闪闪发光，令人炫目。遗憾的是，这座大佛在之后的源平合战以及战国时代两度被焚毁，现存的大佛是江户时代重建的。即使如此，奈良大佛还是被指定为日本的国宝。

朝廷从各地抽调了大批民众，举全国之力建造奈良大佛。老百姓平时已饱受疾病饥饿之苦，又被迫建造如此巨大的工程，生活雪上加霜。

著名僧人行基协助建造了大佛。在这个时代，佛教是守护国家的宗教，行基云游各地，向民众普及佛法，并教他们建造蓄水池、水渠等，给民众治病，做了很多造福百姓的事。可是，他出家时没有得到国家的许可，是一个私度僧，被看成是罪人，最初受到了国家的打压。他广受百姓爱戴，名声很好，所以朝廷想利用他的影响力，于是命令他协助建造大佛。虽然不知道他的真实想法，但最终他还是协助圣武天皇，向老百姓广泛宣传修建大佛的好处。

---

①国分寺，金光明四天王护国寺的通称；国分尼寺，法华灭罪寺的通称。——编者注
②卢舍那，意为智慧广大，光明普照。卢舍那佛，梵文 Locanabuddha，即报身佛，表示证得了绝对真理，获得佛果而显示佛智的佛身。——编者注

遣唐使

日本的奈良时代，中国正值唐朝统治时期。当时的唐朝国力强盛，于是日本向唐朝派遣了遣唐使，学习唐朝的先进文化和佛教。首次派遣遣唐使是飞鸟时代大化改新的 15 年前，即 630 年，使节是犬上御田锹（亦作犬上㳠耜）。自此到 894 年平安时代废除遣唐使为止，日本共向唐朝派遣遣唐使十余次。下面是中日交流中最著名的两个人。

一位是阿倍仲麻吕。他非常优秀，曾在唐朝的朝廷任职。但几次回国之行都以失败告终，最后埋骨唐朝，再也没有回日本。曾高居安南都护①一职。

有一首和歌充分表达了阿倍仲麻吕的思乡之情：

"翘首望长天，神驰奈良边；三笠山顶上，想又皎月圆。"

意思是，仰首望天，可以看到天上的月亮，这个月亮和我的故乡——日本春日三笠山（奈良）上的月亮是同一个月亮吧。

这是阿倍仲麻吕在回日本前的欢送会上吟咏的和歌。他在途中遭遇海难，最后又漂回唐朝，终其一生也没能回到日本。还真是命运弄人啊。

另一位是鉴真，他是唐朝的著名僧人，非常伟大。当时，留学唐朝的日本僧人拜访了鉴真，希望他能派遣几个弟子到日本弘扬佛教。但是，鉴真的弟子们都纷纷推辞。这是情理之中的事。当时，唐朝是世界上数一数二的文明国家，而日本仅仅是模仿唐朝的海上小岛。没

---

①安南都护，唐朝时期安南都护府长官，安南是越南古称，只包括现越南北部一带。——编者注

人想去这样的地方。鉴真叹息弟子们无人愿意前去，于是决定亲自前往日本。为弘扬佛教而不惜舍命，这就是鉴真的伟大之处。既然鉴真说要亲自前往，弟子们也不能无动于衷了，他们重新考虑后，也决心前往日本。但是，真正的困难还在后面。有些弟子想留住鉴真，百般阻挠；船好不容易起航，又遇上暴风雨，不得不返航；有时漂流到其他岛上，信赖并跟随鉴真的弟子们也相继死去。多次航海失败后，鉴真双目失明。即使如此，他仍然没有放弃到日本弘扬佛法的信念。唐玄宗爱惜他的才华，反对他去日本，他只得悄悄乘上遣唐使船前往日本。前后共花费了十余年的时间，鉴真终于到达了日本。（最后一次航行时遇上了暴风雨，船只最后漂流到了预定行程之外的萨摩，即今鹿儿岛。可以想象，那时的航海是多么艰辛。）

随后，鉴真被邀请到日本都城，不仅向日本人传授佛教文化，还带来了关于建筑、雕刻、医药等方面的知识。后来，他还主持建造了唐招提寺。鉴真在到达日本 10 年后坐化，弟子们为他铸造了雕像，至今仍然存放在唐招提寺中，也是日本的国宝。

天平文化

奈良时代的文化沿用圣武天皇的年号，称为"天平文化"。下面简单介绍一下。

首先，天平文化的特征是深受佛教的影响。尤其受唐朝的影响最大。在建筑上，最具代表性的是东大寺。特别是寺中广为人知的正仓院，珍藏了很多宝物。

和歌集中，《万叶集》十分有名，就是收录了《防人歌》、《贫穷问答歌》的《万叶集》。

这是一本非常了不起的和歌集，收录的和歌数量达 4500 首。后来也出现了很多和歌集，但《万叶集》的独特之处在于，不仅收录了天皇、贵族、僧侣所作的和歌，还收录了普通百姓的作品。由此可见，当时的日本人非常看重语言与和歌。

史书方面有《古事记》和《日本书纪》。

《古事记》记录了古老的故事，所以是"日记"的"记"。这本史书是天武天皇命令太安万侣编纂的。当时有一个叫做稗田阿礼的人很厉害，能做到过目不忘、过耳不忘。因此，就由他讲述历史，由太安万侣用文字记录成《古事记》。这本史书于 712 年元明天皇在位时完成，记录了历代天皇时期的故事及传说。

另一本《日本书纪》是在天武天皇的命令下，由其子舍人亲王主持编纂而成。

据说，编纂这两本史书是为了证明天皇统治的正统性。因为天武天皇是通过壬申之乱打败侄子大友皇子才成为天皇的。也许正是因为这个原因，这两本书中有一些叙述非常不自然。有兴趣的人可以研究一下。

说到历史，就不能不提地理。这一时期也编纂了一本地理书，叫《风土记》。据说，《风土记》中记载了各地的文化、特产以及流传于该地的神话传说。遗憾的是，现在完整流传下来的只有出云国（今岛根县）的《风土记》。常陆（今茨城县）、播磨（今兵库县）、丰后（今大分县）、肥前（今佐贺县）四地的《风土记》也有部分残存。目前为止，还未发现其他地方的《风土记》，也许某一天会在某个古老的寺庙或建筑工地中发现。

第四章　平安时代

〔从藤原摄关政治到武士时代〕

"啼叫吧，黄莺的平安京！"

这是每个日本人都熟悉的句子。平安时代给人的第一印象就是优雅的贵族。贵族少女们拖曳着长长的十二单华服^①，吟咏着高雅的和歌。但是，平安时代并不这么简单。

这是日本历史的时代划分中最长的一个时代，可以进一步细分为四个时期。即天皇亲政时期→藤原家族摄关政治时期→上皇掌权的院政时期→平清盛代表的武士势力抬头时期。本章将按照时间顺序讲述政权从天皇转移到贵族手中，又从贵族手中转移到武士阶层的过程，以及独特的日本文化形成的背景。

---

①十二单，又称女房装束或五衣唐衣裳，是日本女性传统服饰中最正式的一种。于平安时代 10 世纪后开始作为贵族女性的朝服，一般由 5~12 件衣服组合而成。——编者注

桓武天皇迁都

794 年，桓武天皇将都城从奈良的平城京迁到了今京都地区。新都城就是平安京。在之后的一千多年里，直到江户时代结束，平安京一直都是日本的首都。

事实上，早在迁都平安京的 10 年前，桓武天皇就在京都南侧、今长冈京市营建了长冈京。长冈京作为首都的时间不到 10 年，无须过多关注。但是，可以想象，当时天皇如此频繁地迁都，必有原因。一般认为，迁都平安京的原因是，"佛教在奈良的平城京的势力日益强大"。但也可能存在更深层的原因。

坂上田村麻吕奉命征伐虾夷

桓武天皇如今享祭于京都的平安神宫，他做过许多惊天动地的大事。例如，废除征兵制。在现行的《和平宪法》发布一千多年前，这位天皇就做出了这样具有划时代意义的决定。这一点意义重大，但却鲜为人知。

废除征兵制后，桓武天皇正式实施了健儿制。

这一制度是从郡司（地方官员）的儿子中选拔擅长骑马和武艺的人，组成军队。而农民等不再需要服兵役。

桓武天皇还采取了很多政治措施，比如，为防范国司渎职，防止他们欺上瞒下，设置"勘解由使"一职。不过，可以与迁都平安京相提并论的著名事件，当数命令坂上田村麻吕征伐虾夷一事。

这一时期，虾夷人生活在日本的东北部，不受朝廷管辖。他们并不是坏人，只是不愿意服从京都朝廷的统治，所以用"征伐"一词实际上有些不妥。但这样的说法或许更能让我们了解当时朝廷中人的傲气。所以，本书还是使用这一说法。闲话少叙，这些虾夷人非常强悍。

虾夷人以今岩手县为中心，在英雄阿弓流为的率领下，多次打败朝廷军队。在这种情况下，坂上田村麻吕终于等到他期待已久的机会，被封为征夷大将军。此时，征夷大将军还是字面意义的"征伐虾夷的大将军"，后来才逐渐有了全日本武士首领的含义，是幕府中地位最高的人。坂上田村麻吕勇猛果敢，深具侠义之心，他请求桓武天皇饶恕已经投降的阿弓流为。这种行为一不小心就可能被当作叛逆，不得不佩服他的勇气。遗憾的是，天皇没有同意他的请求，处决了阿弓流为。对此，想必坂上田村麻吕万分遗憾。此外，据说著名的清水寺是由坂上田村麻吕建造的。现在，每天都有很多人到那里游玩或修学旅行。

平安新佛教

此时，根据律令制度，正处于平安初期的日本由天皇亲政。文化方面，遣唐使不断从唐朝带回全新的文化。日本完全处于中国的影响之下。

在这一过程中，留学唐朝的两位遣唐使僧人，将与之前以奈良为中心的佛教不同的新佛教传到了日本。他们就是创立了天台宗的最澄和创立了真言宗的空海。

他们传到日本的佛教称为密宗，其最大特点是，僧人们在山上建寺，隐居修行，以求得悟。最澄在比叡山（今滋贺县和京都府交界处）修建了延历寺，空海在高野山（今和歌山县）修建了金刚峰寺。两座寺庙都在京都周边。朝廷大概希望这两座寺庙能够庇护京都吧。现在的漫画和游戏中也意外地出现了很多密宗术语，比如画有很多佛像的曼荼罗画、真言等。

最澄和空海给日本佛教带来了巨大的影响。后来，最澄被称为"传教大师"，空海被称为"弘法大师"。今天在日本还能听到"弘法大师也有笔误之时"这样的俗语，意思是，像弘法大师一样擅长书法的人也有写错字的时候（弘法大师是日本三大书法家"三笔"①之一）。常用来告诫"即使是最擅长做这件事的人，也会有失手的时候，所以不能大意"。除此之外，弘法大师在其他领域方面也非常有名。据说位于今香川县，即当时赞岐国（俗称赞国，古令制国之一）的满浓池水库就是他设计修建的。

藤原氏掌权下的摄关政治

9 世纪后半期，藤原氏掌权的摄关政治取代了天皇亲政。藤原氏的祖先是前文提到的藤原镰足，就是和中大兄皇子一起推动了大化改新的中臣镰足，天皇赞赏他的功绩和手段，并赐姓藤原。他的儿子藤原不比等对《大宝律令》的制定做出过很大贡献，不比等的女儿光明子甚至成了圣武天皇的光明皇后。

---

①空海、橘逸势、嵯峨天皇合称"三笔"。——编者注

之后，藤原氏将族中的女子嫁给天皇为妃，使其所生的男孩成为天皇（或强行继位），而自己作为外戚担任摄政或关白之职，代替天皇掌握政权。摄关政治就是由摄政或关白掌握政权。摄政一职模仿圣德太子时的设置，即当天皇年幼或为女性时，由摄政代掌政权，处理政事。关白是指在天皇成人之后依然代替天皇掌政的人。

天皇已经成年，却还要人代替掌政，这话怎么听都有点别扭。后来，藤原良房以臣子的身份当上了第一位太政大臣，成为事实上的摄政。而其侄子——藤原良房的养子藤原基经则成为了第一位臣子身份的关白。藤原氏的摄关政治由此开始。

废止遣唐使、国风文化以及菅原道真的左迁

藤原家族掌权的摄关政治仍在继续。894 年，在菅原道真的建议下，朝廷停止派遣遣唐使。此时唐朝正处于安史之乱中，已然不再是可以安心学习的地方了。此后，875 年的黄巢起义更是对唐朝的致命一击。在这样状态下，人们都只顾着保命。路远迢迢、九死一生去唐朝就变得没什么意义了。

而且，从日本去往唐朝需要从北九州出发，沿着朝鲜半岛海岸前行（虽然直线距离最短，但当时没有雷达，在看不到陆地的海面上航行非常危险），此时朝鲜与日本的关系也并不友善。因此沿朝鲜半岛航行就变得非常困难。

出于上述两大理由，日本停止派遣遣唐使，这也成了复兴日本文化的契机。

之前日本一味模仿唐朝文化。虽然古人也很努力，但只要到唐朝走一圈，就能得到优秀的新文化，因此自己不去思考，也不花费力气

去打造自己的文化。但是，由于废止了遣唐使，日本无法从唐朝引入先进文化，只能用自己的双手培育独特的文化了。

由此产生了国风文化。"国"是指日本，国风文化，就是指日本独有的文化。在众多日本文化中，这一文化不受外国影响，体现了日本的特色，因此尤为珍贵。关于国风文化的内容，后面将再作介绍，在这里请记住这样一个因果关系，因为菅原道真在894年提议废止遣唐使，才产生了国风文化。

菅原道真在日本非常有名，被尊为学问之神。东京的高考生经常去拜的汤岛天神、关西的学生经常去的北野天满宫以及日本各地的高考生祈求自己考试顺利的福冈太宰府天满宫，这些地方供奉的学问之神和天神，正是菅原道真。菅原道真非常聪明，深受当时在位的宇多天皇的宠爱。因此，虽然他出身于身份低微的菅原氏，却在宇多天皇的儿子醍醐天皇时高居右大臣之位。这引起了藤原家族的嫉妒和恐慌。藤原时平阴谋捏造了很多罪名，将菅原道真贬到了当时还一片荒凉的福冈大宰府。今天的福冈市很气派，有著名的节日庆典和好吃的拉面，还有专业棒球队——大荣鹰队。但在当时，虽然福冈是对外门户，但远远比不上京都。特别是在这里很难获取珍贵的书籍，对于热爱学问和文学的菅原道真来说，应该非常痛苦。他离开京都时，吟咏了一首著名的和歌：

"东风若吹起，务使庭香乘风来。吾梅纵失主，亦勿忘春日。"

意思是，"当东风吹起时，会将花的清香带到西边大宰府的我的身边。心爱的梅花呀，就算主人离开了，也不要忘记春天的到来"，充分表达了菅原道真离开京都时的恋恋不舍。

菅原道真到大宰府任职不到两年就去世了。但更具戏剧性的事情还在后面。

菅原道真死后，京都发生了很多异象。诸多大人物先后去世，曾经陷害了道真的藤原时平年纪轻轻就死了，醍醐天皇的皇太子也死了，连下一任皇太子也没逃过厄运；皇宫遭到雷击，伤亡众多。当时的人们并不知道雷的实质就是电，认为是菅原道真的怨灵在作祟，菅原道真就是雷神和天神。为了平复道真怨灵的愤怒，人们建造了北野天满宫来祭祀他。之后就变成了学问之神＝菅原道真＝雷神＝天神。在一首名叫《通过吧》的童谣中，有一句歌词是"天神的小路"，天神就是菅原道真。不过，最让人恐惧的还是藤原家族。那种深入藤原氏血液中的为权势不择手段的态势让人无法轻视，不得不甘拜下风。

武士的崛起

一般说到平安时代，我们最先想到的是贵族。其实，作为下一时代主角的武士也诞生于这个时代。当然，这时他们还不是主角，才刚刚登场。时间要回溯到奈良时代。为了解决口分田不足的问题，朝廷于743年制定了《垦田永世私财法》，导致自大化改新以来的公地公民制度崩溃，自己开垦的土地不再属于国家，而成为个人的财产了。

因此，大家都拼命开垦土地，新土地不断增加。

按理说，这些新开垦的土地都应属于农民，但是，那时没有法庭，没有律师，也没有保护普通百姓的警察。因此，无权无势的人无法保护自己好不容易开垦出来的土地，土地很可能被人抢走。于是，农民和当地的小豪族就考虑把土地献给像藤原家族那样有权有势的贵族，或是寺庙、神社（称为"寄进"）。寄进后，这些土地就成了贵族、寺庙、神社的名下之物。而贵族和寺庙、神社得到朝廷的许可，其名下庄园拥有"不输不入"的权利。"不输"是指不纳税，"不入"是指他们有权拒绝国司等官员进入自己的庄园。对于贵族、寺庙和神社来说，有了这两项权利，庄园非常有利可图。他们将进献庄园的人雇为庄官，即管理庄园的人。但不支付庄官工资，而是以庄园的收成代替。庄官需把一部分收成作为年贡上缴。这样，贵族、寺庙和神社不用劳作就收入颇丰。仔细想想，其实就是原本应当交给国家的税收进了贵族、寺庙和神社的腰包。

因此，这个时代的国家很贫穷。也就是说，天皇的生活称不上富足。真正得到财富的是以藤原家族为首的贵族和有权有势的寺庙、神社。

在这种失序状态下，国家政治和地方秩序乱象频生。国家没有钱，就无法保证正常的社会秩序。不管是都城还是地方，强盗和海盗肆无忌惮，抢夺土地等财产。如果放任不管，财产连同家人和自己的性命都岌岌可危。所以必须要雇用保镖。说到这里，相信大家也都明白了，这些保镖就是武士。

武士原本是武装起来的农民。随后，一些身份较高的贵族、士兵也成了武士。协同作战比孤军奋战更有利，于是，武士们聚集在一起，形成一定的组织，这就是武士团。小武士团之间会发生争斗，胜的一方吸收败的一方，逐渐壮大势力，形成大武士团。最大的武士团是桓武天皇的后代平氏和清和天皇的后代源氏。他们在平安末期进行了大决战，下文将会介绍。

平将门之乱和藤原纯友之乱

最初，天皇和贵族们没有把武士放在眼里。直到 10 世纪发生了两次叛乱，他们才感受到武士的巨大威胁。这两次叛乱分别是 935 年的平将门之乱和 939 年的藤原纯友之乱，合称"承平·天庆之乱"。

平将门是住在下总（今千叶县附近）的武士，和叔叔们争夺地盘，这原本仅是家族内部斗争。但是，平将门将朝廷官员也划入敌人的行列。这样，争斗就变成了反叛朝廷的行为。当然，平将门也可以向朝廷说明原委并投降，但他没有那么做（即使投降也不一定能保住性命和领地）。他认为，朝廷是天皇家族的，而自己也是桓武天皇的后代，血统高贵，于是自立为新皇，意为新的天皇，并打算在今关东地区建立独立政府。在日本漫长的历史中，几乎没人敢明确提出要成为天皇（这也是日本历史的独特之处）。从这个意义上说，平将门是一个非常特殊的人物。

同一时期，濑户内海的海盗首领藤原纯友也举起了反叛的旗帜。

东西两边几乎同时发生叛乱，令朝廷大为恐慌。有人担心这两人早有合谋，但那时既没有互联网，也没有电话、邮局，所以事实应该不是如此。最后，平将门战死，藤原纯友逃到九州后被抓并被处死。武士叛乱以失败告终，但讽刺的是，正因为武士曾令朝廷手足失措，朝廷才开始重视武士。自此，武士开始活跃在皇宫及都城护卫的岗位上。

藤原道长和藤原赖通父子

到 11 世纪，藤原家族的摄关政治迎来全盛期，主角是藤原道长。

出人意料的是，藤原道长没有担任关白一职。但他仍权势熏天，被人戏称为"御堂关白"[①]，甚至远超天皇的权威。藤原道长最厉害之处在于他把 3 个女儿送上了 3 个天皇的皇后宝座。先是把女儿彰子送

---

①藤原道长晚年居住于法成寺，故有"御堂关白"、"法成寺摄政"之称，著有日记《御堂关白记》。——编者注

藤原道长的皇后女儿们

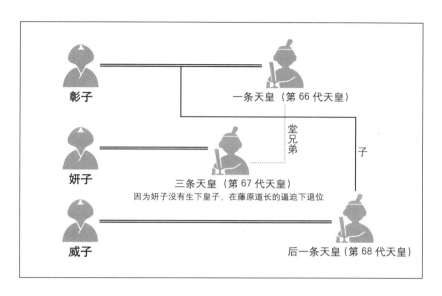

彰子 ———— 一条天皇（第 66 代天皇）

堂兄弟

妍子 ———— 三条天皇（第 67 代天皇）
因为妍子没有生下皇子，在藤原道长的逼迫下退位

子

威子 ———— 后一条天皇（第 68 代天皇）

入一条天皇的后宫。顺便提一下，彰子的侍读女官是著名的《源氏物语》的作者紫式部。此时，一条天皇已有中宫①定子（定子的女官是著名的《枕草子》的作者清少纳言②），但是，凭借藤原道长的政治势力，后进宫的彰子也成为了皇后。为保险起见，藤原道长将另一个女儿妍子嫁给一条天皇的堂弟三条天皇。妍子和三条天皇没有生下皇子，藤原道长就强逼三条天皇退位，让一条天皇和彰子所生的皇子继承皇位，即后一条天皇。然后又将女儿威子嫁给后一条天皇，形成一家三后。

---

①中宫，原指皇后。藤原道长逼一条天皇册立两位皇后之后，新立皇后称"中宫"，原中宫则擢升为名义上地位较高的皇后。——编者注
②清少纳言，清来自她的姓氏"清原"，名不可考，少纳言是官名，或为其父兄所担任的官职，或为其自身所任女官职称。——编者注

藤原道长还有一个女儿叫嬉子。她嫁给了当时还是皇太子的后朱雀天皇，但没有成为皇后，差一点就是一家四后。真令人惊讶。

万事皆如意，于是，藤原道长吟咏了这样一首和歌：

"此世即吾世，如月满无缺。"

其中的含意真是太强势了！

"这个世界就是我的世界啊。就像满月无缺，所有事情都按照我的意愿实现了。"

当然，强势的藤原道长面对的敌对势力也不少，能有这样的成果，足见他为此付出了超常的努力，采取了各种手段排除异己。

净土宗和藤原赖通

藤原赖通是藤原道长的儿子，性格有点怪异。他建造了一座非常有名的建筑，即平等院凤凰堂，位于京都宇治。

10 日元的硬币上就有这座建筑，其建筑形式叫寝殿造（寝殿式建筑），是当时贵族常用的一种建筑形式。简单地说，就像古时的学校，用走廊连接多座房屋，房屋之间有池塘等。

寝殿造这种建筑形式非常重要，还需要记住的一点是平等院凤凰堂因何而建。为了说明这一点，必须介绍一下当时的新佛教宗派——净土宗。

在这一时期，末法思想流行。末法思想认为，释迦牟尼死后（佛教称"入灭"），经过 1500~2000 年，世上再也没有正确的佛法。而此时日本正值末法时期，贵族们因此感到非常恐慌。人们再也无法获得释迦牟尼的正确教导的观点被不断扩大，演变为世界末日就要到来，黑暗时代即将来临。

现在我们会认为这种事是不可能的，但事实上，就在 1999 年，类似的观点再次流行，即所谓的"诺查丹玛斯大预言"。

16 世纪时，法国一个名叫诺查丹玛斯的预言家，把自己的预言记录下来，汇集成册。他的预言不断应验，引起了舆论轰动（事实上可能并没有那么准）。他预言"1999 年世界灭亡"，引发世人恐慌。1999 年世界并没有灭亡，但当时不仅是孩子，很多大人也都信以为真。所以，平安时代的贵族因末法思想而惶恐不安是可以理解的。

对于平安时代的贵族来说，末法之世即将到来，这是一个非常严重的问题（因为他们相信有彼世，即死后的世界，因此就更相信）。他们拼命寻找在末法之世获得救赎的方法。然后，找到了，那就是净土宗的教义。净土宗的"净土"是指"极乐净土"。很多人把它跟天堂弄混了，其实完全不同，天堂出现在基督教的《圣经·新约》中。伟大的阿弥陀佛①在成佛之前曾发愿：

"如果我能开悟成佛，我会让我所有的信徒都进入极乐净土。"

所以，当时的人坚信，不管是末法之世还是别的，只要相信阿弥陀佛，死后就能进入极乐净土。阿弥陀佛的救赎只限于他的信徒，所以只要相信阿弥陀佛就可以了。但是，还是有很多人感到不安，特别是贵族，他们很有钱，于是就为阿弥陀佛建造了雄伟的寺庙，表示自己非常虔诚。赖通建造的平等院凤凰堂就是其中之一，供奉着阿弥陀佛。以上就是末法思想、净土宗、赖通以及平等院之间的关系。无论在哪个时代，人们总是期待有人能拯救自己。

---

①阿弥陀佛，梵文 Amitabha 的音译，又称为无量清净佛、无量光佛、无量寿佛等。据说阿弥陀佛原为国王，后放弃王位出家，号"法藏"，发了四十八大愿，于距今十劫之前，愿行圆满，成阿弥陀佛。——编者注

国风文化

之前也提到过，这一时代的文化是国风文化。首先，这一时期创造了日本的文字假名。没有假名，就不会有《源氏物语》，也不会有《枕草子》。假名分为平假名和片假名。两种假名的写法稍有不同。虽然都脱胎于汉字，但平假名来源于汉字草书，而片假名则取汉字的偏旁。

比如：

安→あ　以→い　宇→う　衣→え　於→お

阿→ア　伊→イ　宇→ウ　江→エ　於→オ

平安时代，人们用假名创作了丰富多样的文学作品。其中包括纪贯之等人编纂的《古今和歌集》紫式部的《源氏物语》，以及作者不详、日本最早的物语①《竹取物语》。还包括清少纳言的随笔《枕草子》、纪贯之的日记文学《土佐日记》等，这些都非常有名。

建筑方面，之前提到过，贵族家庭建造房屋时采用寝殿造的建筑形式。除平等院凤凰堂外，奥州（陆奥国，日本古代令制国之一）藤原氏建造的中尊寺金色堂也非常有名。

此时，一种名为大和绘的绘画出现了，这是日本独有的绘画形式，以笔触细腻见长。留存下来的有非常精美的《源氏物语绘卷》等。

---

①物语，即故事，日本的一种文学体裁，由口头说唱发展为文学作品，产生于平安时代。——编者注

白河上皇的院政

摄关政治自 9 世纪开始，在 11 世纪前半期，即藤原道长和藤原赖通的时代迎来了巅峰。但是，到 11 世纪后半期后冷泉天皇时期，出身藤原氏的皇后没有生出皇子，最终由无藤原氏血统的后三条天皇继位。以此为契机，后三条天皇开始思考摆脱藤原氏的政治模式，最后想出"院政"的方式。

藤原氏为什么能长期把持朝政呢？因为他们霸居摄政和关白之位，代替天皇处理政务，除天皇外，不受任何人的制约。于是，后三条天皇就想出了自己退位成为上皇的方法。上皇，即退位的天皇，就像现代企业中总经理上面的董事长。上皇在"院"处理政务。"院"这个字现在依然用来表示某个场所，比如"医院"、"学院"等。但是，在平安时代，"院"只有两个意思，一个是上皇所在的地方，另一个就是上皇。另外，上皇出家后就改称法皇。

不管怎样，院政是一个很好的想法，遗憾的是，后三条天皇壮志未酬身先死。因此，真正开始实行院政的是他的儿子白河上皇[①]。这一年是 1086 年。

讽刺的是，白河上皇的母亲也是藤原家族的后代，虽然此后藤原家族也一直（直到明治时代）担任摄政、关白之职，插手政务，但其权势已盛极而衰了。

[①]有说法认为，白河上皇并不是为抑制藤原氏而实施院政的，而是有感于中宫的崩逝而退位，后因继任天皇年幼参政，形成院政。——编者注

检查！ 必须要记住的重要术语

摄政

年幼的天皇或女帝的代理者

当天皇年幼或为女性时，代替天皇处理政务的人。圣德太子是推古天皇的摄政，在日本历史上有名的摄政是藤原氏。

关白

成年天皇的代理者

在天皇成年后依然代替天皇处理政务的人。在这一职位上藤原氏也非常有名。丰臣秀吉也曾担任关白。

院政

由上皇或法皇实行

上皇（退位的天皇）或法皇（出家的退位的天皇）代替天皇处理政务。因为是在名为"院"的地方处理政务，所以称为院政。白河上皇实行了最早的院政。

保元之乱、平治之乱

实行院政后，藤原家的权威开始削弱。但是，朝廷中又产生了新问题。上皇、法皇都曾是天皇，而且和今天不同，那时的天皇不是终身制。因为天皇不能实行院政，所以大多数天皇会主动退位成为上皇，以掌握实权。这样就经常出现多个退位天皇共存的情况，而他们之间还会发生权力之争。不仅上皇之间、上皇和法皇之间存在权力斗争，现任天皇和上皇之间也出现了权力争夺。握有政治实权的上皇和法皇称为"治天之君"。

仔细想想，这也非常容易理解。从天皇的角度看，他会觉得，

"我好不容易成了天皇，这个大叔干吗还要唧唧歪歪地插手政事啊！"

这种权力争夺并不止于口舌之争，1156 年，保元之乱爆发。主角分别是崇德上皇和后白河天皇。

上皇一方有藤原赖长助阵，天皇一方则有藤原忠通帮忙。忠通是赖长的兄长。他们为藤原家族的家督（即家长）之位而争斗。而且，上皇和天皇还分别雇用了武士。武士是战斗最大的依靠。上皇叫来了平忠正，天皇则拉拢了平清盛。平清盛后来成为领军人物。而平忠正和平清盛是叔侄关系，这也属于家族内部斗争。同时，上皇还拉拢了源氏的源为义，天皇不甘落后，将源为义的儿子源义朝拉入己方阵营。父子互相残杀，实在是一个令人生厌的时代。

这场争斗最后以天皇一方的胜利告终。

失败的崇德上皇被流放到了赞岐（今香川县，赞岐乌冬面很有名）。原本，战败的人要被斩首，但因为是上皇，所以不能这么做。此后也出现了数位争斗失败的上皇，一般都被流放荒岛，而不直接处决。

下面讲一个著名的故事。崇德上皇之后安心地在赞岐开始了抄经生活。他把抄好的经书送往京都的朝廷，表示："发生了很多事情，我觉得很不好意思，因此抄写经书以祈求朝廷安宁，请笑纳。"但是，这些经书被退了回来。崇德上皇大怒，他也许在想，"我经过了深刻反省，把抄好的经书送给你们，我对你们这些曾经的敌人是如此仁慈，但你们却……"他觉得退回经书不可原谅，于是咬破舌头，蘸着血在经书上写下诅咒："我将成为大魔王，永远诅咒天皇家族，我将为君戮民，为民弑君。"最后须发尽张而死。不管崇德上皇的诅咒是不是真的存在，朝廷好像的确畏惧他，在明治时期，天皇还前往拜祭。另外，崇德上皇还是一个非常浪漫的人，做得一手好和歌。《百人一首》中收录了他的一首著名和歌：

"川濑水湍急，岩石横阻两分离，终有相汇时。今朝无奈去两地，

从贵族社会到武士社会

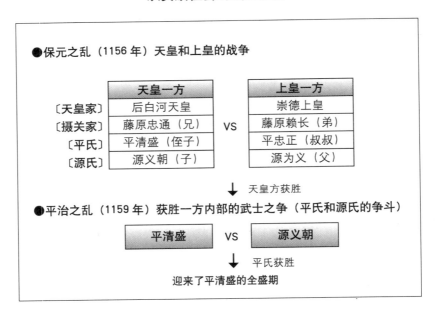

●保元之乱（1156 年）天皇和上皇的战争

	天皇一方		上皇一方
〔天皇家〕	后白河天皇	VS	崇德上皇
〔摄关家〕	藤原忠通（兄）		藤原赖长（弟）
〔平氏〕	平清盛（侄子）		平忠正（叔叔）
〔源氏〕	源义朝（子）		源为义（父）

↓ 天皇方获胜

●平治之乱（1159 年）获胜一方内部的武士之争（平氏和源氏的争斗）

平清盛	VS	源义朝

↓ 平氏获胜

迎来了平清盛的全盛期

婵娟共永待佳期。"

意思是，"龙川的水被岩石阻挡，分成了两道，但它们最终还能汇合。我和你就像这河水一样，虽然今生不能在一起，但是来世一定能在一起。"这首和歌广受欢迎，如果票选人们最喜欢的和歌，这首肯定会名列前茅。反过来说，正是因为他心思细腻，所以当自己的心意被他人拒绝时，就会变得非常恐怖。

其他战败的人中，赖长战死，忠正、为义在京都著名的刑场六条河原被杀。为义最终死在了儿子义朝的刀下，虽然这是奉命行事，但真是太残忍了。事实上，这次处刑是日本废除死刑三百多年后首次恢复死刑。因为相信怨灵，贵族们极少杀人。进入武士时代后，死刑才变得频繁起来。

接下来再说说获胜的一方。在这里要特别说的是平清盛和源义朝两人。他们都是武士，都在战争中立了功，都认为保元之乱是因自己才得以平息。但是，后白河天皇更宠信平清盛。源义朝当然心有不甘。为了后白河天皇，他连自己的父亲都杀了。再加上朝廷内部争斗以及藤原摄关家的内部争斗，战争再次爆发。这就是发生在 1159 年的平治之乱。

如果不出意外，这场战争应是源义朝获胜，但是，因为他疏忽大意，最终局势逆转而战败。源义朝逃亡到尾张的内海（今爱知县中部国际机场附近），因部下叛变被杀。源义朝的儿子源赖朝也参加了这场战争。所以，源赖朝也应当被处斩。但是，平清盛的继母池禅尼说源赖朝长得像自己死去的儿子，因此为他乞命。起初，平清盛不同意，但是池禅尼声称如果平清盛不答应，她就绝食，平清盛没有办法，只好饶源赖朝一命，将他流放到伊豆。后来，平氏家族被源赖朝所灭，真不知道池禅尼究竟是做了好事还是坏事。不管怎样，镰仓幕府最初的主角源赖朝因此捡回一条命。

此时，著名的牛若丸，即源赖朝同父异母的弟弟源义经也是命悬一线。当时他还是一个刚出生不久的婴儿，母亲常盘御前带着他和今若、乙若逃了出来。但是，常盘的母亲被抓，常盘只好去找平清盛。平清盛一下子被常盘的美貌迷住了，对常盘说，只要她来自己身边，就放过她的 3 个孩子。于是，还是婴儿的源义经被寄养在京都的鞍马寺。数年后，源义经在源平合战中大显身手。

平清盛和宋日贸易

在平治之乱中将对手源义朝拉下马后，平清盛一时权势煊赫。当然，最有势力的还是后白河上皇，但平清盛掌握了军权，并以军权为后盾，当上了太政大臣。出身武士阶层，后来成为太政大臣，平清盛还是第一人。除平清盛外，平氏一族占据了朝廷中许多重要职位，甚至有人说"非平家不为人"（不是平家的人就不算人）。同时，平清盛在神户与中国的南宋进行贸易，这就是宋日贸易。当时，神户有一个奈良时代的僧人行基所建的口岸，叫大轮田泊，平清盛将其改建为大型港口，与南宋进行贸易。

这样一来，无论是军事还是经济实力，平清盛的势力一时都无人能及。

源平合战

但是，平家的天下并没有持续很长时间。日本有一句俗语："骄傲的平家不久长"。"骄傲"在这里的意思是"横行霸道"。平家独居朝廷高位，且像以前的藤原家族一样横行霸道，因此仇家很多。

眼看着平家不再听从自己的命令，后白河法皇就密谋打倒平家（即鹿谷阴谋。但这次密谈最终暴露，参加人员全部遭到平家报复。《平家物语》中就描写了一个叫俊宽的和尚遭到报复的事情），他的儿子以仁王向各地武士发出追讨平家的命令。源赖政等人举兵，但以失败告终。不过，后来以仁王的这一命令发挥了作用，那就是源平合战。

以仁王发出命令后最高兴的就是各地的源氏。自从平家掌权后，源氏就暗无天日，现在可以堂堂正正地征讨平家，这让各地的源氏兴奋不已。其中最兴奋的要数伊豆的源赖朝和木曾（今长野县）的源义仲。

先来说一下源赖朝。他被流放到伊豆之后，处于当地豪族的监视之下，但是，通过与豪族北条家族的北条政子结婚，他成功地拉拢了北条氏。

对于北条家族的首领北条时政来说，这是一场豪赌。因为平家时代很有可能还会继续下去。只要平家不倒，北条时政就是叛军，会受到处罚。北条氏也属于平氏家族，但在族中地位不显，因此，源赖朝与北条政子联姻以及之后起兵攻打平家的行为，对于北条家族来说是背水一战。事实上，虽然源赖朝初战得胜，但在之后的石桥山之战中大败而归。在这里，他再次捡回一条命（他好像总是能在危急关头捡回一条命）。当时，他躲在一棵大树背后，被对方的梶原景时发现，但不知道为什么，梶原景时最后放了他一马。

之后，源赖朝逃到安房（今千叶县），重新聚集关东各地源氏的兵力，再次起兵。此后，他一直非常重用曾经帮助过自己的梶原景时（后来投了源赖朝）。梶原景时与之后出场的源赖朝弟弟源义经关系不睦。源义经建下消灭平家的功勋，但最后还是被源赖朝所灭，据说是受到了梶原景时进言的影响。

源赖朝在静冈的富士川与平家军正面交锋。这就是富士川之战。此时，源义经从鞍马寺逃到奥州平泉，接受奥州藤原氏（与京都藤原氏不是同一家族。当时这个家族在出产黄金的奥州有着能与朝廷和平家相匹敌的强大势力）的庇护。在这里，源义经第一次见到了自己的兄长源赖朝。富士川之战以一种非常出人意料的形式结束了。源氏一方派出侦察部队探听平家的情形，但是侦察部队渡过富士川时发出的声音惊起了河中的水鸟。平家军听到后，以为是源氏夜袭，一片慌乱，不战而溃。[①]于是源赖朝不战而胜。

但是，源赖朝没有趁势一口气攻入都城，而是想趁机将整个关东

---

①关于富士川之战的真实情形，也有说法认为，其实是源氏军中的武田信义军贸然接近敌军，惊动水鸟后被平家军察觉，而未做好迎敌准备的平家军为万全起见主动撤退。——编者注

纳入麾下。结果证明这个方针是正确的。源赖朝的这种谨慎使其与下文要讲到的源义仲产生了巨大的差距。

得知富士川战败后,平清盛大怒。这是人之常情。他曾经饶过源赖朝一命,源赖朝却恩将仇报。但遗憾的是,此时平清盛患上了热病。有一种说法是,平清盛烧得太厉害了,把水放到他额头上,水很快就开了。这当然是夸张,不过平清盛患的应当是类似疟疾之类的疾病。不管怎样,平清盛因此一命呜呼。据说,他的临终遗言是:"不用给我办丧事,只要把源赖朝的首级放到我的坟前就可以了。"可见,他是何等痛恨源赖朝。

出人意料的是,给失去顶梁柱平清盛的平家带来更大打击的并不是源赖朝,而是源义仲。源义仲是源赖朝的堂弟。虽然同为源氏,但他们的关系并不好。在源义仲两岁时,他的父亲被源赖朝的兄长源义平所杀,之后,源义仲一直被偷偷地藏在木曾长大成人。

源义仲也听从以仁王的命令起兵,但并没有和源赖朝联合。

在越中和加贺交界处(今富山县和石川县交界处)的俱利伽罗峠,源义仲在牛的角上系上火把,大破平家军。这就是俱利伽罗峠之战。

在这样的气势下,源义仲率领的军队很快攻入都城,平家军弃城而逃。此时,平氏一族原本想带着后白河法皇一起逃亡,但后白河法皇察觉到这一打算后,自己先逃了,于是平氏只好带着年幼的安德天皇逃出都城。平氏也像之前的藤原氏那样,将族中的女子嫁给天皇,并让她生下的皇子继位为天皇。平清盛的女儿德子(后称为建礼门院)就嫁给了后白河法皇的儿子高仓天皇,生下了安德天皇。

平氏弃城而逃,源义仲则趁机进驻都城。因为赶走了横行霸道的平氏,所以最开始时,源义仲的军队广受欢迎。但是,义仲的军队中都是一些乡下汉子,身强力壮,却言谈粗野,所以很快就成了不受欢迎的人。

他们到处抢夺宝物，轻薄贵族小姐，百姓们都觉得这样还不如平氏掌权的时候。源义仲被称为"旭将军"，刚开始时战功赫赫，但是，后来还是被恢复元气的平家军打败。

后白河法皇发出追讨义仲的命令。接到这个命令的源赖朝军队（实际上源赖朝并没有出战，真正的首领是源义经）与源义仲在宇治川展开合战，源义仲战败。虽然源义仲身强力壮，但是一接触到政治，就显得过分单纯了。他把长子送给源赖朝当人质，这个长子还与源赖朝的长女有婚约，但最后还是被杀。

恢复元气的平家军与源义经指挥的军队在一之谷（位于今兵库县）交战。一之谷位于海边，悬崖峭壁林立，源义经要进攻就必须利用悬崖。一般人看到悬崖就会想要放弃，但源义经的非凡之处就在于此。他抓住当地人问："此处悬崖可否行马？"当地人回答说："那肯定不行。"源义经又问："那能行鹿吗？"答曰："鹿的话应该可以。"于是，源义经就对众人说："大家听到了吗？既然可以行鹿，那么同样是四条腿的马也一定可以过去。"可能有人觉得这是胡闹，但是源义经就带着军队这么干了。骑马下悬崖太恐怖，有的武士就把马扛在身上。于是，源氏军队就这样沿着不可能跨越的悬崖奇袭了平家军。平家军一片慌乱，源氏再次大获全胜。

古典文学中，有一个关于这场战争的著名故事，即熊谷次郎直实与平敦盛的故事。看到源氏军队突然出现，平家年轻的武士们纷纷朝海边跑去，直实大吼道："是武士就好好干一场！"正想逃跑的武士们听到这话后都回头应战。而熊谷次郎直实与平敦盛对战，他看到了平敦盛的脸，心想："这还是个孩子啊？长得如此之美。"于是，熊谷次郎直实想放过这个和自己的孩子差不多大的年轻武士。但平敦盛却说："杀了我你就可以立大功了，赶紧来取我的首级吧。"熊谷次郎直实流着泪取了他的首级。后来才知道，他正是平清盛的弟弟平经盛之子平敦盛。虽然是敌人，但不愧是平家的武士，没有灰溜溜地逃跑，而是堂堂正正地战斗。但熊谷次郎直实一直叹息自己亲手杀了平敦盛一事，后来就出家了。

之后，平家军逃到四国，在赞岐国屋岛（今香川县）遭到源义经军队的迎头痛击。关于这场战斗，有一个著名的故事。平家的女官在船上竖起了竹竿，竹竿顶端挂了一把扇子，挑衅源氏道："有本事就把扇子射下来啊。"源义经认为逃避有损源氏的名声，就命令著名的弓箭手那须与一射下扇子。面对这个艰难的任务，那须与一心存退意，但源义经严令他不准退缩，他只好去祈求八幡大菩萨（武士之神）保佑自己射中，结果真的一箭射中。这场战争以源氏获胜而结束，平氏已无路可退。

退无可退的平氏在坛之浦（今山口县关门海峡）集结水军，以自己擅长的海战向源义经军队挑战。最初源义经军队占下风，但海潮的流向发生了改变，且源义经专射水手的游击战术也有了效果，最终源氏获胜。至此，平家灭亡。此时，二位尼（平清盛的遗孀）抱着年仅8岁的外孙安德天皇跳海自尽。天皇的母亲建礼门院平德子（高仓天皇的皇后）也跳了海，但后来被救。

据说，日本皇室三神器之一的草薙剑①就在此时丢失。

源义经的结局

此后，源赖朝被封为征夷大将军，镰仓时代由此拉开序幕。不

---

①草薙（tì）剑，又名天之丛云、天丛云剑，日本皇室三神器之一，传说是由素盏鸣尊（又作须佐之男）斩杀八岐大蛇所得。——编者注

过，先说一下极具悲剧色彩的人物——源义经的结局。他立下了诛灭平家的不世之功，但是，后白河法皇向源赖朝追究义经在未经朝廷任命的情况下任意接受官位之事，义经被迫逃亡（此时，为了追讨源义经，源赖朝设立了"守护"和"地头"之职，将在下一章中介绍）。

而且，源赖朝拒绝源义经进入幕府所在地镰仓，义经在附近的腰越给源赖朝写了信（即"腰越状"），但依然没有得到允许，于是，他只好逃到自己曾受庇护的奥州平泉。歌舞伎名作《劝进帐》中说的故事就发生在这次逃亡路上。在奥州，藤原秀衡留下遗言"尊义经为将军，与源赖朝开战"，但是其后继者藤原泰衡畏惧源赖朝，袭击了源义经。此时，发生了著名的"武藏坊弁庆立往生"的场面：为了保护源义经，弁庆立于桥上，面对如飞蝗一般的箭矢，寸步不让。泰衡的手下看到这样的情景，不由心生畏惧，看他一动不动地站着，非常奇怪，走近一看，才发现弁庆早已咽气多时。据说，源义经最后自焚而亡，也有说法称他杀妻杀女后剖腹自杀。但是，源义经一直深受爱戴，甚至有传言说他在衣川馆之战（就是刚刚提及的战争）中活下来后到了亚欧大陆，最后成为成吉思汗。当然，这个传说现在已经被否定了[1]。

历史上的源义经是一个长着龅牙的丑男，不过，直到现在他依然是最受欢迎的武将之一。

---

[1] 除成吉思汗说外，另有北行说认为源义经战败北逃，渡海进入现在的北海道。——编者注

第五章　镰仓时代

〔北条执权与镰仓御家人，士兵从梦中觉醒的时代〕

消灭平氏后，源赖朝受封征夷大将军，建立了镰仓幕府。自此，由武士掌权、为武士说话的时代揭开帷幕。之前毫不显眼的关东首次闪亮登场，成为与近畿并列的日本中心地区。此后，日本历史发展的重心主要在以京都、大阪为中心的近畿和以东京、江户、镰仓为中心的关东这两个地方。

虽然源赖朝非常有名，但镰仓幕府成立后，真正掌握实权的是北条家族。镰仓时代就是作为执权掌握政权的北条家族与支撑整个幕府的御家人（将军的家臣）的时代。下面就来看看以义时、泰时、时宗三大执权为中心的镰仓时代。

幕府的组织构成

镰仓幕府的组织构成非常简单。首先，设置守护和地头两职治理地方。守护是各国的武士首领。需要注意的是，这里的"国"相当于今天日本的都道府县。庄园中设置地头一职。这样，武士可以从各庄园征收一部分收成。

其次，中央以三大官署为中心，分别是：侍所，管理服侍源赖朝的御家人；政所，管理幕府财政；问注所，进行审判裁决。三大官署都听命于将军。将军之下设执权一职，执权在后来变得越来越重要。

源赖朝和御家人以土地为纽带，建立起御恩和奉公的关系。

御恩是指源赖朝将领地赐予御家人，由御家人守卫。奉公是指御家人担任幕府官员，当镰仓幕府面临危险时，要誓死保卫幕府。其实就是互相交换，我为你尽忠，你给我荣华富贵。当然，那时给的不是金钱，而是土地。这种制度称为封建制度。

不幸的源氏

表面上看，幕府顺利建立后似乎就万事如意了，但事实上，源氏的天下并没有持续多久。首先，源赖朝作为初代将军，在御家人中拥有极高威望。但他在一次骑马时，不小心从马上摔下来，此后缠绵病榻，不久便死去了。武士怎么会如此轻易地摔下马？即使如此也不至于受如此的重伤。这件事非常奇怪。如果你想到了这一点，说明你真的很厉害。因为正如你所想，关于源赖朝之死，一直以来都有说法认为他是被暗杀的，但是尚未得到证实。

于是，就有了第二代将军。所幸源赖朝后继有人，此时长子源赖家已经长大成人。虽然他是将军，众人也都听从他的命令，但他在御家人中威望不高，反对之声也日渐高涨。据说，原因之一是源赖家特别庇护自己岳父的家族比企氏。后来比企氏被灭，真是挺可怜的。原因之二是源赖家总是不顾御家人的想法独断独裁。有这样一个故事。当时，对于御家人来说，土地是自己拼命战斗才得到的，所以重逾性命。日语中"一生懸命"（意为拼命、努力）这个词的最初写法是"一所懸命"，原意是为了得到"一所"（即土地）而拼命战斗。如此重要的土地，源赖家却看得很轻。一次，御家人之间发生了土地纠纷，要求源赖家仲裁。类似"这片土地是我家祖传下来的！""说什么呢，这是我家的土地！"这样的纷争。结果，源赖家慢吞吞地拿出笔，在那片土地的图纸上画了一条线，说："画线的这边算你的土地，那边呢，就算他的，就这么办吧。"这样做的确有点过分。后来，源赖家被御家人拉下将军之位，流放到伊豆后死去，这里同样有暗杀身亡的说法。

但是，就算源赖家再昏庸，也不会这样轻视重逾性命的土地吧？很可能是一些嫌源赖家挡了路的人故意设下的陷阱。但这也是猜测，无从证明。

因为源赖家的长子被杀，次子被送到寺庙当了和尚。于是，第三代将军就选了源赖朝的次子，即源赖家的弟弟源实朝，他也是一位命运多舛的人。

看到兄长悲惨的结局后，他其实很不想当将军，也不怎么喜欢武士。作为武士的首领，却一心向往京都的朝廷和贵族。所以，他在政治和军事上都没什么建树，只是出了自己的和歌集。好比一个人当了首相，不处理政事，却创作音乐，还出了个人专辑。个人的和歌集称为私家集，源实朝的私家集名为《金槐和歌集》。文学史上对这本和歌集的评价很高，其中一首和歌还被选入《百人一首》。不过，因为他住在镰仓，在朝廷的官职是右大臣，所以，在《百人一首》中，他的名字是"镰仓右大臣"。

收录在《百人一首》中的和歌是这样的：

"时间随水逝，生命本恒长。君看纤夫影，壮哉断我肠。"

源实朝的和歌老师是这个时代成就最高的天才歌人——藤原定家（《百人一首》、《新古今和歌集》的选编者）。但是，源实朝的这种爱好不怎么被御家人的接受。好像他们总是对他说，"不要像贵族那样整天只知道吟诵和歌，像一个真正的武士那样去骑马吧。"

相传，源实朝还曾谋划离开日本。他造了很大的船，想逃到中国。但是船坏了，逃跑计划以失败告终。可能那时他就已经预感到危险了。这种预感很快成为现实。

1219 年 1 月 27 日，为了庆祝自己成为右大臣，源实朝参拜了鹤冈八幡宫（著名神社，供奉着源氏的守护神）。就在他结束参拜、准备回去时，被藏在大银杏树后的源公晓刺杀。

源公晓是源赖家的次子。因此，有传言说源公晓是受了御家人的挑唆，"源实朝为了成为将军，杀了你的父亲。只要杀了源实朝，不但报了杀父之仇，你还能成为下一任将军。今天是天赐良机，你还不动手吗？"

究竟是谁挑唆了公晓，直到今天还是个谜。有人说是北条氏，也有人说是三浦氏（和北条氏同样势力强大的御家人）。那么源公晓的下场如何呢？据说，他在刺杀了源实朝后慌慌忙忙跑到三浦家，但三浦氏将他交给幕府处死。

执权政治确立：北条氏的时代

源氏统治的镰仓幕府仅仅持续了 3 代共 27 年，之后，北条氏将幕府视为囊中之物，翻云覆雨。他们有一个很大的优势，源赖朝的妻子是北条家族的北条政子。此时她依然在世，且作为第一代将军的遗孀拥有巨大的影响力。

但是，北条家族的人还是无法成为将军。因为将军必须有足够高贵的出身。源赖朝一族是清和天皇的后代源氏的主支（北条氏是平氏的旁支，算是桓武天皇的后代，但到了镰仓时代，这种血缘关系已经非常淡薄了）。于是，北条家族准备从都城请一位将军过来，就是找一个出身高贵的人当将军，然后自己担任二把手——执权，代替将军处理政务。与平安时代藤原氏的摄关政治用的方法一样。

事实上，到了镰仓时代，藤原氏也一直担任摄政、关白之职，只不过因为镰仓方面势力强大，所以不再引人注目。

北条氏原本想找皇子当将军。但是，当时朝廷中最有势力的是后鸟羽上皇，他认为幕府很碍事，所以断然拒绝。无奈之下，北条氏只好带着藤原氏九条道家的四子回到镰仓，让他当了将军。这个将军还是个孩子，对于想要掌握实权的北条氏来说是再好不过了。这位将军的名叫九条赖经。残酷的是，在他长大成人、开始拥有自己的势力后，就被赶下了将军之位。

北条义时和承久之乱

北条义时顺利地带回了一个傀儡将军，而自己作为执权，终于能大展拳脚了，但此时却发生了一件大事，这就是承久之乱。

后鸟羽上皇早就对幕府的存在心有不满，他向各地武士发出了消灭幕府的命令，确切地说，是发出了讨伐北条义时的院宣（即上皇和法皇的命令）。于是，镰仓陷入一片混乱。对于北条义时来说，如果放任不管，就会变成企图谋反的罪人，被上皇的军队杀掉。另一方面，御家人也很焦急。他们是镰仓幕府的官员，这样下去就会变成背叛上皇的谋逆之徒。这个时代，一般人无法想象背叛上皇和天皇之事（就算是幕府，表面上也是在朝廷的允许下执政），所以他们不想成谋逆之徒。那么，究竟应该站在哪一边呢？

结果还是上皇的威信比较大，一时幕府方面大多数人都站在上皇一边。但就在此时，出现了一个逆转局势的人，她正是北条政子。源赖朝死后，她出家为尼，不久又以辅政为名实行垂帘听政，人称"尼将军"，深受御家人的尊敬。此时，她终于站了出来。当然，她并没有拿着武器亲自上阵，而是把摇摆不定的御家人集中起来，进行了著名的演讲。

"大家请听我说，在源赖朝将军建立幕府之前，大家的生活是怎样的？只要接到无所事事的天皇和朝廷的命令，我们就要到都城承担劳役，累得半死才能回家。拼命得来的土地，朝廷却不承认我们的所有权，身份也得不到保证，总是到处受欺负。所以源赖朝将军才建立了保护武士利益的幕府。现在我们能够保住自己的土地，是赖谁人之力？不正是受已故的源赖朝将军的恩泽吗？如果大家忘记了将军的恩泽，想要重新回到以前在贵族面前过唯唯诺诺的日子，我不会阻止，大家现在就可以离开这里去找上皇。但我决不会就此罢手。"

演讲的大意就是这样。听了这些话后，大家都热血沸腾了。

"是啊是啊！我们要保卫镰仓！冲啊！"

一旦武士们齐心，上皇的军队就难以匹敌了。镰仓幕府这边是专业武士，本职工作就是打仗，不久之前还在战场上过着"渴饮刀头血"的日子，经验非常丰富，当然不可能输给上皇临时拼凑的军队。

结果，幕府军队大胜。但是，因为敌对方是上皇，所以不能将他处死，只是将其流放到一个叫隐岐的岛上。

由于担心同样的事情会再次发生，幕府在天皇所在的京都设立了一个意在监视朝廷的官署，即六波罗探题。六波罗是京都的地名，探题意为寻找问题。这是一个间谍组织，用现在的话来说，就是幕府情报部京都支部。

关于承久之乱，只需记住以下几点就可以了。

1221 年发生了承久之乱。

北条义时 VS 后鸟羽上皇。在北条政子演讲的鼓动下，幕府上下一心，取得了胜利。

《御成败式目》

战胜了最大的对手——朝廷后，幕府在很长一段时间内保持了稳定。北条义时死后，继承他执权之位的是嫡子北条泰时。北条泰时在武士和朝廷中都拥有良好的口碑，他做了一件具有开创性的大事——制定了《御成败式目》。

《御成败式目》又称为《贞永式目》，是一部法律。

这个法律的厉害之处在哪里呢？它是第一部由武士制定的法律。而之前的法律都是朝廷制定的。这部法律旨在保护武士的利益。据说它制定于 1232 年，之后一直都是武士法律的样板。

北条时赖的"钵之木"传说

北条氏的执权政治一直稳稳地持续着。其间最有名的是北条时赖的"钵之木"传说。北条时赖在活着时就让出执权之位出家了，像后来的水户黄门（即德川光圀）一样到各地旅行，看看守护和地头有没有弄虚作假，有没有欺压百姓。一天，遇上下大雪，一身和尚装束的北条时赖决定找个地方休息一晚。这家人非常穷，家徒四壁，但还是热情招待了北条时赖。家里没有柴火，房间里非常冷，男主人就把自己非常珍爱的盆栽（即钵之木，钵为盆栽的花盆）当柴火烧了。吃饭时，北条时赖了解到这位主人也是一位堂堂的御家人，虽然已沦落至此，但心里仍想着，只要幕府需要，随时准备尽忠。这些都深深打动了北条时赖。回到镰仓后，时赖很快召集了御家人，那家的男主人也穿着旧盔甲、骑着瘦马出现了。北条时赖看到后，知道他没有撒谎，非常感动，不仅归还了他原先被夺的土地，还另赐了新的领地。虽然这是编造的故事，但已经成为非常有名的谣曲（类似于能）。

北条时宗时期，元军来袭

北条氏的执权政治还在继续，此时又发生了一件大事，这次的敌人来自国外。

当时的蒙古草原上居住着一些游牧民族。简单来说，他们没有固定居所，不耕田，不生产稻米，而是饲养羊马，在草原上四处游牧。他们平时骑在马上狩猎，所以非常擅长打仗。不过，因为一年四季在草原上迁徙，不会固定居住在某个地方，他们一般以部落为单位生活。这时出现了一位英雄，他就是成吉思汗。1200 年左右，成吉思汗开始了统一草原上各游牧民族的大业。最后建立了庞大的蒙古帝国。蒙古帝国在全盛期几乎占领了除东南亚和日本外的整个亚洲，还占领了欧洲的一部分土地，是历史上最大的帝国之一，国土面积远远超过了著名的罗马帝国。

之后，成吉思汗的孙子忽必烈继位，统治中国，建立了元朝，并依汉族习惯实施统治，不仅建立了汉族的官僚制度，还制定了符合汉族传统的法律，并征服了周边国家，如朝鲜半岛上的高丽。之后，他就准备朝隔海相望的日本出手。当时，意大利人马可·波罗在元朝任职。后来他口述了著名的《东方见闻录》（即《马可·波罗游记》，原题为《世界的记述》），书中描述东方遍地是黄金（这些描述给日本带来了困扰，很多人抱着寻找黄金的想法来到日本）。起初，元朝向日本派遣了友好使者，希望日本主动称臣，成为元朝的属国。但幕府对使者态度强硬，甚至杀了使者。于是，元朝准备进攻日本。当然，忽必烈没有亲征，元朝军队也主要由被征服的高丽和南宋的人组成。战场在北九州，因为这里离朝鲜半岛最近。幕府召集了御家人，朝北九州出发。他们在海岸边建起防垒，进入全面临战状态，准备迎接元军的攻击。

这场战争很关键，但幕府打得相当吃力。原因有两点。一是元军的密集战法，密集战法听起来似乎很厉害，其实就是人海战术。那么，为什么日本军队会打得那么辛苦呢？因为当时日本武士在战斗中主要是单枪匹马作战，可以想象一下这样的场景：

双方军队都分别集结完毕。"我是某某的儿子，现任某某官职，我的祖先非常了不起，曾经在某某战役中建立了赫赫功勋，受封了某领地。你们有哪位和我身份匹配，我们出来打一场。"

13 世纪的蒙古帝国

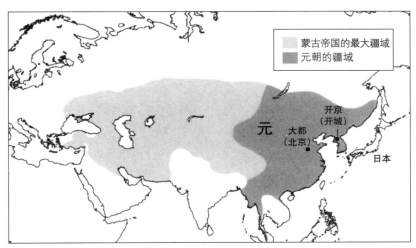

历史上最大的帝国之一

就像这样的对峙。同样，对方也会说类似的话。

日本军队都是采用这样一对一的作战方法，所以面对密集战法时，就不知所措了。

导致日军战斗吃力的另一个原因是元军的新兵器——火炮。在这里需要注意的是，这种火炮与后面提到的铁炮不同，对马的作用比对人大。因为火药发出的爆炸声会使马受惊后四处乱跑。这样，骑在马上的武士们就会被抛下马背，被元军俘虏。这场仗日军打得相当艰难。但是，就在此时，奇迹发生了。

台风将大部分停泊在海岸边的元军船只摧毁了。船上的士兵有的被淹死，有的被海浪冲走。

于是，剩余的元军舰队只好撤退，日军勉强得胜。历史上将这场战争称为"文永之役"，发生在 1274 年。

但是，得知战争失利的忽必烈没有就此罢手，7 年后的 1281 年，他再次组织舰队朝日本进发，史称"弘安之役"。

当时的执权北条时宗准备全力迎击。那么结果如何呢？

事实上，元军的舰队再次遇上了暴风雨……结果可想而知。

不知道是不是神的护佑，才令日军打败了元军。

虽然打了胜仗，幕府的实力却被大大削弱了。

元军来袭的影响和镰仓幕府的灭亡

为什么打了胜仗还会有问题呢？

打胜仗了，当然要奖励那些努力奋战的御家人了。那奖励他们不就行了？事情没有那么简单。这个时代，打了胜仗后都是将战败者的土地作为恩赏。实际上就是夺取战败方的土地分给手下的将士。

而这次的敌人在海对面，就算打了胜仗，也无法夺取对方的领地。如果拼命战斗后只是被称赞"好，非常努力，这是给你的奖励，月球上的土地，是非常不错的地方哦"，一般人都会觉得非常生气吧。因此，御家人没有得到奖赏，幕府也无法提供足够的奖赏。日本历史教科书上有一幅名叫《蒙古袭来绘词》的画，画着骑在马上的武士从马上掉了下来，附近有火药爆炸。这是由竹崎季长的作品，想要表达"我这样拼命打仗，请给我奖赏吧"。他因此得到了奖赏。但是，还有大多数御家人没有得到奖励。

如果在今天，可能大家抱怨一下就完了。但那时的御家人不可能就此罢休。因为从镰仓到北九州的路费、途中的伙食费、铠甲、马、枪、刀等都是御家人自掏腰包，幕府没有出一分钱。而御家人都相信，只要打了胜仗，立下战功，就可以得到奖励（土地）。但这次却一无所获。

万般无奈的御家人只好去借钱。那时还没有高利贷，所以，这些武士就向自己经常买东西的商店借钱。

　　看到这种情形，幕府也开始思索解决之道。这样下去，御家人的生活将每况愈下，进而对幕府产生不满。此时，幕府想出了一个办法。

　　幕府颁布了《德政令》（《永仁德政令》）。这个《德政令》的内容是什么呢？

　　这相当于幕府颁布的法律，内容是"御家人向商店借的债一律作废"。

　　这非常不合情理。原本欠债还钱，天经地义。可是，事实上借了不还的事情比比皆是。

　　那么《德政令》的效果如何？御家人都很高兴吗？

　　一般人都会很高兴吧。毕竟之前借的钱都清账了，可以不用还了。的确，可能有一部分御家人是这么想的。事实上，《德政令》颁布之初，御家人确实非常高兴。但最终《德政令》却使御家人的生活更加困苦。因为：

　　御家人变穷了 → 借钱 → 颁布了《德政令》→ 借的钱清零

　　而问题在于之后发生的事情。借给御家人的钱要不回来，商人们当然又生气又无奈。而且，因为武士地位高于商人，所以商人们不敢违逆武士的命令，只能打落门牙和血吞了。不过，他们也采取了预防手段，此后再也不借钱给御家人了。于是，实际情况就变成《德政令》颁布后，御家人再也借不到钱了。以前，穷困的御家人尚能借钱度日，如今却连这都行不通了。也就是说，御家人的生活变得比之前更艰难了。他们无计可施，积蓄的不满终于爆发了。

　　其中，后醍醐天皇为首的朝廷的煽风点火也起了一定的作用。1333 年，镰仓幕府灭亡。但是，幕府并不是一下子被推翻的，这一点将在下一章再作介绍。

镰仓文化

镰仓时代的文化称为"镰仓文化",这是一种符合武士统治时代的文化,朴素又充满生命力。

文学方面,藤原定家编纂了歌集《新古今和歌集》、《百人一首》等。

随笔方面,鸭长明著名的《方丈记》是这个时代的杰作,以"逝川流水不绝,而水非原模样。滞隅水浮且消且结,那曾有久伫之例。世上的人和居也如此"为开头,反映了作者的无常观(佛教式的想法。认为有形之物终会被破坏,活着的人终会死去,世间没什么是永恒存在的)。吉田兼好(也称兼好法师、卜部兼好)的《徒然草》也非常有名,以"无聊之日,枯坐砚前,心中不由杂想纷呈,乃随手写来,其间似有不近常理者,视为怪谈可也"为开头,主题也是无常。

此外,镰仓时代诞生了新的文学形式——军记物语(也称为军记物)。代表作是描写源平合战的《平家物语》,由盲眼的琵琶法师一边弹奏一边说唱汇集而成。后来,小泉八云(本名拉夫卡迪奥·赫恩,现代怪谈文学鼻祖)以琵琶法师为原型在《怪谈》中创作了《无耳芳一》的故事。

建筑方面,这个时代武士的房屋一般都采用武家造①的建筑形式。新建的东大寺南大门和圆觉寺舍利殿也很有名。

雕刻方面,运庆、快庆的金刚力士像非常吸引人。

---

①武家造,即武士风格的建筑物,崇尚简朴,孤立的各栋建筑整体形成城郭状,四周用深沟、土墙和板墙,筑以城门和箭楼,穿二门即入宅院。——编者注

镰仓新佛教

镰仓时代诞生了很多新的佛教宗派。首先，净土系信仰中出现了两个新宗派——法然的净土宗及其弟子亲鸾的净土真宗。这两个宗派都劝人皈依阿弥陀佛，但是，法然的净土宗认为需要念"南无阿弥陀佛"，而亲鸾的净土真宗认为，既然阿弥陀佛已发愿会让所有相信自己的人都往生极乐世界，就不需要念佛。而且，虽然他是和尚，却依旧娶妻生子。《叹异抄》中记录了他的一句非常有名的话："善人尚且往生，况恶人邪？"

这就是恶人正机说。会不会觉得这句话有点奇怪？一般应该反着说，连恶人都可以往生……但是，这句话并没有错。他认为，善人想要凭借自己的力量往生，这是不对的。依靠阿弥陀佛这种他力本愿才最重要。因此，恶人认为"自己做尽了坏事，肯定不能得到救赎，只能靠阿弥陀佛了"。于是他就不是自力本愿，而是他力本愿。所以，恶人才更容易得到救赎。这种说法并不太被人接受，不过，在基督教和伊斯兰教中也存在这种想法。这跟"神对于善恶的判断超越了人的想象，所以人眼中的善与恶，在神眼中却未必如此"的想法类似。后来，本愿寺继承了净土真宗，净土真宗也被称为一向宗，即之后发起一向一揆（将在下一章介绍）的一向宗。

下面介绍的是禅宗的两个宗派，荣西的临济宗和道元的曹洞宗。据说，释迦牟尼因坐禅而开悟，因此，这两个宗派都提倡通过坐禅，依靠自己的力量得悟。因之与武士精神合拍，得到幕府的庇护。禅宗在镰仓时代有了很大发展。曹洞宗的总寺院就是著名的福井县永平寺。

下面再来介绍一个有点怪异的宗派，一遍的时宗。时宗也是净土

休息片刻！佛教的变迁

● **奈良时代**

国家佛教　用于安邦治国的佛教。鉴真建立唐招提寺。

● **平安时代**

| 初期，平安新佛教的出现 | 最澄、空海的密教，通过祈祷的方式在贵族中获得了压倒性的支持。 |

最澄
天台宗
（比叡山延历寺）

空海
真言宗
（高野山金刚峰寺）

| 中期以后 | 由末法思想产生的净土宗（信奉阿弥陀佛，相信来世能进极乐净土）在贵族中广泛流传。 |

● **镰仓时代**

| 镰仓新佛教出现 | 除一遍外，各家祖师原先都学于天台宗（比叡山），但因为批判比叡山而受到打压。 |

净土宗：提倡念佛，信奉阿弥陀佛

法然
净土宗：提倡念佛＝念"南无阿弥陀佛"，念佛即可实现极乐往生。

亲鸾
净土真宗：法然的弟子，提出恶人正机说，提倡念佛。

一遍
时宗：提出跳舞念佛，念佛在民众中爆发式地流行开来。

禅宗：通过坐禅开悟，得到镰仓幕府的支持，广泛流传

荣西
临济宗：使禅宗在日本流传开来。将茶道从宋朝带回到日本。

道元
曹洞宗：在荣西建立的建仁寺学习，将坐禅视为最重要的方法。总寺院是永平寺。

法华经

日莲
日莲宗：提倡念"南无妙法莲华经"，坚持《法华经》至上主义，彻底批判其他宗派。

宗的流派之一，也信奉阿弥陀佛（时宗的信徒被称为时众，他们的名字多为"……阿弥"。时宗的信徒中，室町时代的能乐作家、演员观阿弥、世阿弥父子非常有名）。但是，和净土宗不同，时宗认为"阿弥陀佛非常伟大，就算不信他，只要嘴里念佛，阿弥陀佛也会拯救自己"。因此，在时宗里，念佛非常重要。不过，念佛不是得救的条件，而是作为获救后的感谢来念的，就跟"啊，我得救啦，太好了，太好了，谢谢"是一个意思。时宗会劝信徒去做"赋算"，即分发一种写了"南无阿弥陀佛，决定往生六十万人"的纸条。时宗的信徒还会聚集在一起一边敲锣打鼓，一边跳舞念佛。

最后，介绍一位大人物，日莲宗的日莲。他认为，所有佛教经典中，只有《法华经》是正确的，其他都是错误的。他还提出，只要口念"南无妙法莲华经"，国家和人民就可以得救。因此，日莲宗是佛教中少见的非常排他的宗派。日莲有一句名言："念佛无间，禅天魔，真言亡国，律国贼。"意思是，念佛的人会下无间地狱，禅是恶魔中的恶魔——天魔的伎俩，相信真言宗会令国家灭亡，相信律宗（即鉴真所传宗派）的人是导致国家灭亡的国贼。他提出的这些观点令他遭到了残酷的迫害，但他仍坚持己见。而且，因为《法华经》中说宣传正确教义的人会遭到迫害（即法难），所以他坚信自己宣扬的是正确的教义。

他在著作《立正安国论》中甚至对前执权北条时赖提出了意见。他说："你不相信我说的话，国家将会遭到外国的侵略而灭亡。"结果后来元军来袭，他的预言似乎变成了现实，但日本没有灭亡，似乎又没有实现。日莲还认为自己是释迦牟尼的转世（释迦牟尼 → 上行菩萨[①] → 日莲），所以，日莲宗不仅相信《法华经》，也崇拜日莲本人。

---

①上行菩萨，受佛付嘱流布《法华经》的四菩萨之一。以其功行殊胜，乃众中之最上者，故称上行菩萨。——编者注

很多名人被这个古怪的宗派吸引，据说，诗歌《不怕雨》的作者、著名童话作家宫泽贤治以及中日战争（即抗日战争）中日本陆军中将石原莞尔都是日莲宗的信徒。

第六章　室町时代

〔足利幕府和南北朝〕

很多人都不太了解室町幕府，觉得这段时期既难懂，又无趣。

先从难懂开始说。其实，日本历史上说的室町时代包含了几个时代。通常都是一个时代结束，下一个时代开始，但室町时代却不是如此，而是由诸多时代交叠而成。所以才会难懂。

再来说一下觉得这个时代无趣的原因。室町时代包括了诸多重叠的时代，按理说应该非常华美，但这个时代并不怎么引人注意。因为它拥有的"第一次"太少了。但是，从某种意义上来说，这个时代凝聚了日本历史的特点。表面上看似乎很无趣，一旦掀开表层往里看，就会发现这个时代是如此绚丽多姿、精彩纷呈。下面就来介绍一下室町时代。

建武新政

1333 年，镰仓幕府灭亡后，后醍醐天皇迅速开始了以自己为中心的政治，史称"建武新政"。因为是由天皇亲自执政，又是一种"新的政治"，所以称为"新政"。

不过，名为"新"政，实际上实行的政策都非常古老。有多古老呢？它跨过镰仓时代，越过平安时代的各种政治形式——不管是平清盛时期的政治、后白河上皇的院政，还是藤原氏的摄关政治，直接以醍醐、村上两位天皇的时代为理想政治。这两位天皇在位时都亲自执掌政权，后来，这一时期被称为"延喜天历之治"，对于之后的天皇来说，无疑是最高理想。这两位天皇在位时大概是公元 900 年，而建武新政始于 1334 年，也就是历史必须回溯 400 年。强行逆转历史当然不可能成功。而且，建武新政中更过分的是，在倒幕过程中立下赫赫战功的武士们完全被无视了。他们立下战功，不仅得不到奖赏，甚至连原先得到的土地都被朝廷收回，于是，武士们开始反抗："这不是比镰仓幕府时还要糟糕吗？我们到底是为了什么拼命战斗、推翻幕府的啊！"理所当然，武士们的声音再次集中："我们需要某个人重开幕府，让朝廷承认武士的权利。"

后醍醐天皇始于 1334 年的建武新政，不知道是该说他没有坚持下去，还是该说他朝着错误的方向一意孤行。总之，新政数年后就结束了。在武士为主角的时代，只重视皇室和贵族显然是行不通的。

室町幕府的开端与南北朝时代

在对建武新政抱有不满的武士中，最具代表性的是足利尊氏（原名足利高氏，后醍醐天皇赐名为尊氏）。他在推翻镰仓幕府的过程中立下战功（实际攻下镰仓的是新田义贞），而且出身名门，有源氏的血统（出身高于北条氏），最重要的是，他没有一味迎合天皇，能够听取武士们的意见，因此，对武士们来说他再合适不过了。

他绝不是一个想要赶下天皇自己掌握天下大权的野心家，但也无法置武士们于不顾。所以，他决意重开幕府。但要重开幕府，就必须由朝廷任命他为征夷大将军，而任命权正是掌握在天皇手中。后醍醐天皇讨厌武士，也讨厌幕府，不可能任命足利尊氏为征夷大将军。于是，足利尊氏就立了一位新天皇。

实际上，在镰仓时代末期，天皇的血统分成两支，他们激烈地争夺天皇之位。这两大血统是持明院统和大觉寺统。当然，天皇血统两分，究其根源得回溯到镰仓时代。当时，后嵯峨天皇将皇位让给了儿子后深草天皇，开始实行院政。如果仅是这样倒没有问题，关键是后来后嵯峨上皇想让另一个自己非常宠爱的、聪明伶俐的儿子当天皇，于是强迫后深草天皇让位。这位深受后嵯峨上皇宠爱的皇子是龟山天皇。之后，后深草天皇系（持明院统）和龟山天皇系（大觉寺统）开始了皇位之争。或许你会说："这么点儿事，那就轮流做天皇好了。"了不起！正是如此。镰仓幕府提议，由两大血统轮流继位，史称"文保和谈"。但后醍醐天皇对此很不满意，因为他不能立自己的儿子为天皇。实际上，后醍醐天皇如此热衷于推翻镰仓幕府，也有这个看起来很荒唐的原因。因此，建武新政时期，除后醍醐天皇的血统（大觉

北朝（持明院统）和南朝（大觉寺统）

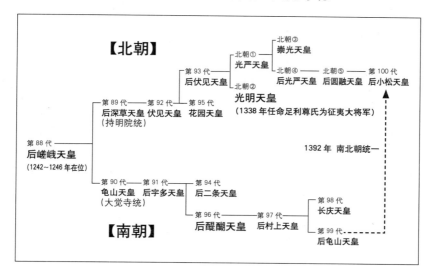

寺统）外，还有另一支天皇的血统（持明院统）。

那时，持明院统皇族的生活非常困苦。足利尊氏将目光转向了这一支血统，并以任命自己为征夷大将军为条件，承诺用武力助其登上天皇之位。就这样，一个和后醍醐天皇完全不同的新天皇光明天皇诞生了。光明天皇任命足利尊氏为征夷大将军，建立幕府，即后来的室町幕府（足利幕府后改名为室町幕府）。

1338年，足利尊氏建立室町幕府。

室町幕府的组织架构和镰仓幕府基本相同。只是设置名为镰仓府的办事处取代了镰仓幕府时的六波罗探题，且在镰仓府中设置关东公方一职，下设关东管领。镰仓时代将军之下的执权拥有很大权力，而室町幕府则设立了管领一职。执权一直都由北条氏把持，管领则由斯波、细川、畠山三大家族轮流担任。因此，这三大家族也被称为"三管领"。接下来，再介绍一些其他家族。权力仅次于三管领的是侍所长官，由山名、赤松、一色、京极四大家族之一担任，这四大家族被称为"四职"。地方上有守护大名，但因为室町幕府将军的势力较弱，所以，幕府更像是守护大名的联合政权（除了一部分将军在位时期之外）。

即使光明天皇即位了，后醍醐天皇也不予承认。他认为，"这算什么，他是假天皇，我才是真正的天皇。"不过，光明天皇有以足利尊氏为首的武士集团的支持，因此，后醍醐天皇逃到奈良的吉野，在那里继续他的统治。直到 1392 年，日本都是两个朝廷并存，即京都光明天皇的朝廷和奈良吉野的后醍醐天皇的朝廷并存。为了区分这两个朝廷，一般称京都的朝廷为北朝（日语中，京都和北的第一个字母读音相同），称奈良的朝廷为南朝（在日语中，奈良和南的第一个字母读音相同），出现南北朝对峙的局面。

当时双方都声称自己才是真正的天皇，是正统朝廷，并没有自称为北朝或南朝。

足利义满登场

虽然足利尊氏受封为征夷大将军，建立了幕府，但南北朝的纷争并没有那么容易解决。而且，听从幕府命令的大名并不多。这一时代，各地守护大名的势力逐渐壮大。为了扩张势力，他们或支持北朝，或支持南朝，昨天的敌人很可能成为今天的朋友，大名之间相互争斗，战乱不断。关于这段历史，军记物语《太平记》中有详细记载。这本书有漫画版，大家可以看一看。

南北朝时代究竟有多乱，相信下面的故事能让你有所了解。足利尊氏有个弟弟叫足利义直。足利尊氏擅长打仗，而足利义直则长于政

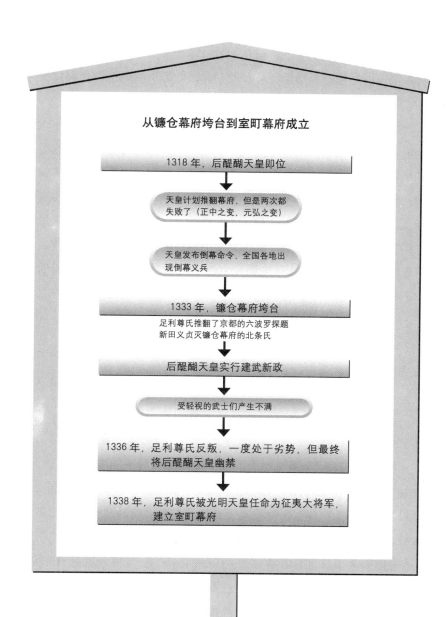

从镰仓幕府垮台到室町幕府成立

1318 年，后醍醐天皇即位

天皇计划推翻幕府，但是两次都
失败了（正中之变、元弘之变）

天皇发布倒幕命令，全国各地出
现倒幕义兵

1333 年，镰仓幕府垮台

足利尊氏推翻了京都的六波罗探题
新田义贞灭镰仓幕府的北条氏

后醍醐天皇实行建武新政

受轻视的武士们产生不满

1336 年，足利尊氏反叛，一度处于劣势，但最终
将后醍醐天皇幽禁

1338 年，足利尊氏被光明天皇任命为征夷大将军，
建立室町幕府

事，两人一起合作操持幕府，但不知道是什么原因导致两人关系失和，最后义直投靠了南朝。刚开始时，足利义直势头逼人，甚至将足利尊氏逼入绝境，但最后还是被足利尊氏的部下所杀。这个时代没有永远的朋友。即使是之后的战国时代也没这么残酷。

在这样的情况下，足利尊氏的儿子足利义诠成为第二代将军。但他最终在接踵而来的战争中走完了一生。迎来室町幕府繁荣期的是其子足利义满。据说，足利义满想通过把儿子义嗣过继给天皇来取代皇室，是个野心勃勃的人（事实上，足利义满死后，朝廷追赠他为太政天皇。但这一封号被另一个他不太喜欢的儿子，也是下一任将军足利义持拒绝了）。下面就来看看这个野心勃勃的男人的谋划。另外，室町幕府这个名字源于足利义满在京都室町建造的名为花之御所的宅邸，他在此处理政事。

义满的政治

义满完成了尊氏和义诠都没有完成的统一南北朝的伟业。1392年，南北朝实现统一。

实际上，足利义满使用了类似于欺诈的手段来完成统一。此时，支持南朝的武士已经很少了，南朝偏安于奈良吉野。于是，足利义满趁机提出，"以后南北朝轮流做天皇吧，先从（我们这方的）北朝开始吧。"相当于镰仓时代的文保和谈。然后，足利义满又向南朝提出，"请先把作为天皇即位证据的三神器给北朝吧！"得到南朝许可后，北朝拿到了神器。这三神器是指八咫镜、草薙剑以及八尺琼曲玉。其中，八咫镜保存在三重县的伊势神宫内，草薙剑安放在爱知县名古屋市的热田神宫内，八尺琼曲玉则珍藏在皇宫中。历代天皇以此为证据，证明自己是正统天皇。但是，据说其实连天皇自己都没亲眼见过这些东西。有人认为这些神器早已丢失，现在保存的都是复制品。不过，谁也没有见过真正的三神器，所以事情的真相大概会永远成谜吧。

不管怎样，虽然义满的手段很卑鄙，但他做到了不流一滴血就统一了南北朝，结束了一个国家两个政府、两个天皇的状态，所以是一个很有手腕的政治家。

此时，中国和朝鲜沿岸不时有日本海盗出没，这些海盗叫做倭寇。中国正处于明朝的统治下，明朝向足利义满提出禁绝倭寇的要求，并称足利义满为"日本国王源道义"（道义是义满出家后的法号）。当时，足利义满已抛开天皇自称为日本国王，向明朝进贡称臣。以贸易互通为条件，义满同意禁绝倭寇。而为了防止倭寇浑水摸鱼，就向每艘贸易船发放名叫"勘合"的凭证。勘合是一块木牌，上面刻有如"本字壹号"（共一百号）这样的文字。相应地，明朝留有木牌的另一半（明朝留有日字号勘合，日本为本字号勘合），把两块木牌合在一起，如果能够看清楚所写的字就可以。就像日本《少年漫画周刊》杂志的封底，或绿之日①、观光地卖的那种恋人一人一半的心形挂坠一样。因为在贸易时用勘合木牌（勘合符）做凭证，所以称为"勘合贸易"。

勘合贸易始于1404年。日本主要出口刀剑、铜、硫磺等，进口明朝的铜钱、生丝、丝织物等。通过勘合贸易，足利义满的经济实力进一步增强。

了不起的足利义满做的最有名的事情是建造了金阁寺。

金阁寺现已登上了《世界文化遗产名录》。在建造之初，金阁寺是足利义满的别院。

---

①绿之日，日本假日。原是纪念裕仁天皇寿辰的日子，现成为加深国民绿化自然意识的节日。2005年后，绿之日改称昭和之日。——编者注

现在的 70 后和 80 后一定还记得令人怀念的动画片《聪明的一休》，那里面经常出现的"将军大人"就是足利义满，他经常在金阁寺被一休捉弄（一休和足利义满都是真实的人物，但故事是编造的）。应仁之乱中，金阁寺周围的建筑物遭到焚毁，而二战结束后，金阁寺又毁于一场大火（现在的金阁寺是重建的）。刚建好时，金阁寺上贴满了金箔，非常豪华。以金阁寺为代表的室町初期的文化称为北山文化。

恐怖的抽签将军足利义教

一手把持天下大权的足利义满突然死亡（有人认为是被暗杀）。在他生前儿子足利义持就已经成为了将军，他死后，义持继承了他的事业。但是，足利义满生前只宠爱义持之弟足利义嗣，足利义持对此非常不满，因此，在义满死后，义持停止了义满所定的政策，并杀了弟弟义嗣。不过，义持绝不是一个昏庸的将军，只可惜他在 43 岁就死了。他把将军之位传给了长子足利义量，而足利义量体弱多病，只做了两年将军就先于义持去世了。有说法称足利义量是酗酒而死。因此，在义持死后，由谁来继承将军之位就成了一个大问题。

在管领的提议下，最终决定以抽签的形式决定下任将军。现在我们可能会对由抽签来决定将军人选的做法而感到十分惊讶，但在当时，人们认为抽签作出的决定即是神的意志，由此选出的将军是神选择的将军。在 4 个候选者中，僧侣中的大人物义圆被抽中，并改名为义教（事实上，这场抽签很可能事先就做了手脚）。

在日本中小学的历史教科书中一般看不到这位将军，考试时也不会考到，但其实他比足利义满还要厉害。他从管领手中夺回政治实权，实行亲政，又重新开启了在足利义持时期中断的勘合贸易，把不听命令的大名一一清除。此外，他还组建了将军直属部队，增强军事力量，并集中精力处理了后南朝（南朝遗臣复兴的政权）问题。尤其值得一提的是，他还强逼时任关东公方的足利持氏自杀。

关东公方类似于镰仓幕府的六波罗探题。虽然镰仓幕府灭亡了，但在镰仓还有很多势力强大的御家人，关东公方就是室町幕府为统治以镰仓为中心的关东而设置的。同为足利一族，关东和京都却相距遥远，日深月久，关东公方的势力逐渐扩大，开始插手幕府政务。事实上，足利义满也觉得关东公方十分棘手。足利义教拉拢了关东公方的副手关东管领上杉宪实，逼迫关东公方足利持氏自杀（史称"永享之乱"）。另外，上杉宪实也很有名，他复兴了当时的学问所——足利学校。

足利义教的丰功伟绩远不止这些。他还完成了足利义满未竟之业——平定九州。并且，严禁贵族、寺庙和神社插手政治，一旦出现这样的情况，就予以严厉惩罚。早在织田信长之前，他就火烧比叡山了。有人认为这是对宗教的打压，但那时，比叡山拥有僧兵，原本严禁杀生的和尚拿起武器，集结成军队，插手政务，所以，从这个意义上还是说得通的。

对于不能理解他的做法的人来说，这些事情都非常恐怖，因此，他被称为人人害怕的"天魔"。

足利义教最后被守护大名赤松满佑暗杀，在历史上称为"嘉吉之乱"。室町时代一直给人以无趣的印象，但在这个无趣的足利将军家曾经出现过一个这样厉害的足利义教，是否令人改变了之前的印象呢？

后来，年仅9岁的足利义胜继承了将军之位。足利义胜年幼，没有能力独立处理政事，而且他在继位的第二年就死了（关于他的死因，说法很多，也包括暗杀说，但因痢疾而病死的说法可信度较高）。

最荒唐的将军足利义政和应仁之乱

足利义胜没有子嗣，于是，他的弟弟足利义政就成为第八代将军。和足利尊氏、足利义满一样，提到室町幕府时，足利义政绝对是一个不得不说的人物。如果说足利义满是一个野心勃勃的男人，那么足利义政就是最"厉害"的将军——荒唐得最厉害。

首先，足利义政特别喜欢年长的女人。他竟然爱上了自己的乳母。这样是没法生下继承人的，家臣们给他介绍了很多年轻健康的女孩子，但荒唐将军对此毫无兴趣。他是非娶阿姨级的女人不可。虽然迎娶了正室日野富子，但因为他有这种癖好，他们之间很难有后代。因此，有人将主意打到了义政的弟弟、当时已出家的义寻身上，给他改名为义视，希望他能还俗，作为义政的养子继承将军之位。义视最初拒绝了这个提议。可以理解，如果义视成为义政的养子，万一以后富子生下男孩，他就会成为别人的眼中钉，一不小心连命都保不住。而且，在那个时代，和尚的身份高，生活也很优越，所以他并不愿意冒着危险去当义政的养子。但是，大家不断地劝说，并由幕府方面的实力派细川胜元作为保护人之后，义视才同意。继承人就此确定，所以义政绝对不能再生下孩子。但就在次年，富子生下了一个男孩。于是问题大了，究竟是让既是弟弟又是养子的义视继承将军之位，还是让亲生儿子义尚来继承呢？围绕着继承人的问题，幕府陷入了紧张的局面。

此时，要是义政能出来说一句"由某某继承"的话，事情也许会好办很多。义政明确说出来，虽然仍有争斗，但至少表面上能够定下来。但义政又做了一件震惊天下的事，他竟然出家了。

"反正我说的话你们也不听，就算我做决定又有什么用，继承人的事情，你们自己定吧。"于是，他没有定下继承人，就一头扎到自己的兴趣中去了（后文将会提及，虽然义政是一位荒唐的将军，但他在建筑、庭园设计方面却有非常出色的才能）。

毫无意外，继承人问题引发了战争。东军以足利义视、细川胜元为中心，西军则以足利义尚、日野富子、山名宗全（势力强大的守护大名）为首，史称"应仁之乱"。

在战争过程中，义视和义尚、富子时而敌对，时而和解，战争持续了 11 年。最糟糕的是，战争使京都中平安时代的珍贵建筑在战火中焚毁，佛像等也遭到破坏，书籍化为灰烬。

如果义政不这么荒唐，这场战争原本可以避免，真叫人痛心不已。可惜作为后人，再怎么想也是枉然。

1467 年的应仁之乱，尚未分出胜负就结束了。只留下被战火焚毁的京都。以应仁之乱为始，早已出现颓势的室町幕府日益衰败，最终在 1573 年结束统治。

之后，室町幕府和足利氏仍然存在，但从这时起，各地的守护大名不再听从将军的命令，纷纷自立门户，甚至还出现了武力驱赶或杀害原守护大名后自立为大名的人。战国时代即将拉开帷幕。

银阁寺和东山文化

足利义政作为将军荒唐透顶，但他对建筑的审美却是超一流的。他在京都的东山建造了别院银阁寺。和金阁寺相比，银阁寺显得非常低调，不过，文化上对银阁寺的评价要高于金阁寺，因为它对现在的日式建筑影响深远。银阁寺的建筑形式称为书院造，模仿了禅寺的建筑形式。纸拉门、隔扇①以及不可或缺的壁龛，营造出的宁静氛围甚至成为美学的研究对象（外国留学生中研究日本美学的学生特别多）。

银阁寺是东山文化的代表性建筑，和金阁寺一样，也登上了《世界文化遗产名录》。而且，银阁寺一直保持了原先的风貌，是日本的国宝之一。

室町时代的社会和一揆

室町时代，商人和农民之间出现了各种变化，下面稍作介绍。

运输业中，在陆地上，用马运送货物（相当于今天的快递和车辆运输）的人称为"马借"；在海上，用船运输货物的人称为"问丸②"，主要有东西两条航线。当时，"酒屋"或"土仓"（当铺）从事如今的银行业务。大家可千万别以为酒屋就是卖酒的。

同业行会——"座"也非常重要，这里稍作补充说明。譬如，卖盐的同行或卖酱油的同行聚集在一起就组成了座。同业人员原本是竞争对手，为什么会形成这样的组织呢？下面就来解开秘密。参加座的人一起出钱送给幕府、将军以及其他有权势的人，以此换得对方的承诺，如不允许他人与自己经营同样的商品，或对其他同行征收重税。简单地说，就是"行贿"。于是，参加座的人就可以专营一些特定商品，谋取丰厚利润。在江户时代，座发展成名为"株仲间"的组织，不过做的事情都差不多。

---

①隔扇，日本的一种室内装置，以木料构建骨架，从里面糊纸或布，起间隔作用的一扇一扇的木板墙，上部为窗棂，糊纸或装玻璃。——编者注
②问丸，日本中世纪时在港口、城市里的货物管理或中转交易的从业者。进行年贡的运输、管理和代销。是江户时代批发商的源流。——编者注

农村也有了很大发展。镰仓时代以京都为中心的近畿地区开始使用的"二毛作"（一年种两茬），此时已在全日本推广开来。农村中出现了名为"惣"的组织，经常召开名为"寄合"的会议。这种组织后来发展成为自治组织"一揆"。

村民集结武装，袭击土仓和酒屋等的行为也称为"一揆"，下面介绍一下主要的一揆。

正长的土一揆

1428 年，近江的马借和农民发起一揆，要求幕府颁布《德政令》，是日本历史上最早的一揆。

加贺的一向一揆

1488 年，加贺国（今石川县）的一向宗信徒发起的一揆，当时加贺的守护大名富樫政亲被逼自杀。之后近百年加贺都没有守护大名，成为百姓所有之国。

山城的国一揆

1485 年发生在山城国（今京都）的一揆。应仁之乱后，山城国的畠山义就和畠山政长争夺家督之位，导致土地荒芜，战争一触即发。于是，被称为"国人"的地侍（土豪武士）团结农民，将两军赶出山城国，实行了 8 年自治。

室町文化

前面已经介绍了以金阁寺为代表的北山文化和以银阁寺为代表的东山文化，下面介绍室町时代除此之外的主要文化。

首先是能，也称能乐。简单地说，是由演员戴着称为"能面"的面具表演的戏剧。主要特点是出场人物很少，演出内容偏于灵异，经常有幽灵、鬼怪、天狗出现。能很早就存在了，但作为一个艺术领域得到认可则有赖于观阿弥、世阿弥父子的贡献。这两人和足利义满属于同一时代，特别是世阿弥，深受足利义满的宠爱。世阿弥还写了一本能剧理论书《风姿花传》，其中的"含蓄如花"、"幽玄"、"初心不忘"等说法一直流传至今。

其次是狂言。其实，能和狂言都脱胎于一种名为"猿乐"的戏剧，区别在于，能主要是一些神秘、严肃的内容，而狂言则更滑稽，平易近人，能给人带来特殊的欢乐。最近狂言在日本也很受欢迎。

连歌在室町时代也很流行。正如其名，连歌就是连续吟歌，当然，歌是指和歌。当时，知识分子聚集在贵族宅邸、寺庙或神社中，你吟上句，我吟下句，相互联句。世阿弥的师傅二条良基和宗祗是集大成者。

还有《浦岛太郎》《顶着钵的女孩》《一寸法师》等童话故事也非常流行。这些故事称为"御伽草子"。

绘画上，受中国禅宗的影响，水墨画非常盛行，还出现了一位名叫雪舟的天才。关于他还有一个著名的故事。

雪舟从小就被寄养在寺庙中，但他只喜欢画画，不喜欢读经。和尚就把他绑到柱子上作为惩罚。流着泪的雪舟就用脚尖蘸着泪水在地上画了一只老鼠。不知道是不是因为看他画得太好了，和尚解开绳子。故事的真假无从知晓，不过，既然能有这样故事流传下来，可见雪舟小时候就画得一手好画。

第七章　战国·安土桃山时代

〔从群雄割据到天下统一〕

如果说日本历史上最受女性喜爱的是平安时代，那么，最受男性喜爱的时代无疑就是群雄混战的战国·安土桃山时代。

应仁之乱结束后，战国大名开始取代失势的幕府统治各地。事实上，这是漫长地方分权时代的开始，一直持续到明治维新。从武田信玄、上杉谦信等人，到织田信长、丰臣秀吉、德川家康这3位英雄统一天下为止，描绘了一幅规模宏大、精彩纷呈的战争画卷，无论是大河剧还是电子游戏都介绍了相关内容。

在这一章，我们将欣赏他们的英姿和时代背景。

战国大名与"下克上"

　　战国时代的特点是，各地出现了不以身份高低为意，凭实力扩张领地的大名。群雄割据正是战国时代的最佳写照，各路英雄各显神通。他们不仅依靠武力作战，也比拼智慧，比如运用谋略，进行谍报活动等，以实力取代身份高于自己的对手。这种风潮称为"下克上"。比如，著名的织田信长原本连织田家的首领都不是。在下克上中，最著名的是美浓（今岐阜县）的"蝮蛇"斋藤道三。虽然出生于武士家庭，但他出生后就被送到寺庙出家，后来成为一名卖油商人。他积极运用自己当商人时的信息网，最后成为美浓的大名。这在以前是完全不可想象的。

　　关东霸主北条早云也不逊于斋藤道三。他原本是侍奉足利家族的一名低级武士。他把妹妹嫁到骏河（今静冈县）名门今川家族后，利用今川家族的继承人之争当上了一城之主，最后成为相模（今神奈川县）的大名，非常了不起。

　　战国大名们各自制定了领地的法律。这些法律就是分国法。其中，较著名的有越前（今福井县）朝仓氏的《朝仓敏景十七条》、甲斐（今山梨县）武田氏的《信玄家法》、前面提到过的今川氏的《今川假名目录》等。这些分国法非常符合战国大名的风格，都很实用。大名之间进行了不计其数的战争，最著名的是川中岛之战，武田信玄与越后（今新潟县）的上杉谦信在 12 年间五度开战。他们留下了很多传说，如"单枪匹马杀入敌营"、"给敌人送盐"等，但不知道是否

主要的战国大名（1540年前后）

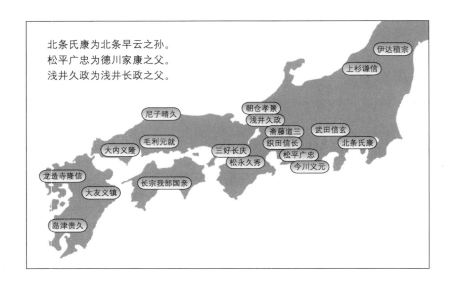

北条氏康为北条早云之孙。
松平广忠为德川家康之父。
浅井久政为浅井长政之父。

伊达稙宗
上杉谦信
朝仓孝景
浅井久政
尼子晴久
斋藤道三
武田信玄
毛利元就
织田信长
大内义隆
三好长庆
北条氏康
松永久秀
松平广忠
龙造寺隆信
今川义元
长宗我部国亲
大友义镇
岛津贵久

属实。

　　大名们还建造了城堡，并在城堡周围建起了城市，这些城市称为
"城下町"。城堡最初是山城，即利用地形，建造在山顶的某处，后来
又变成平城，即在平地上建立带有瞭望楼和护城河的城堡。

　　除城下町外，还有繁荣的门前町，以寺庙和神社为中心，以及港
町，以港口为中心而兴盛，等等。

　　位于今大阪府的堺市作为港町繁荣起来，还利用在贸易中获得的
巨大财富，在城市周围开挖护城河，和各大名做生意，互赠礼物，但
并不属于任何一个大名。城市中的有权有势的人称为"町众"，堺市
就以町众为中心实行自治。非常了不起。

106

铁炮与基督教的传入

1543 年，葡萄牙人乘坐的小船漂流到了萨摩的种子岛。他们带来了之前日本没有的武器——铁炮（一种火绳枪）。之后，铁炮在全日本普及。令人吃惊的是，日本人仅用了数年就完全掌握了铁炮制作技术，能够自己制造铁炮。数十年后日本已成为世界上数一数二的铁炮持有国。

虽然铁炮造价昂贵，但对手都已经装备了，所以己方也不得不配备。铁炮使大名们急需大量资金。另外，大概因为是铁"炮"吧，所以将铁炮传入日本的是"葡"萄牙人[①]。

铁炮传入日本 6 年后，天主教（基督教的主要宗派之一）传教士圣方济各·沙勿略来到了鹿儿岛传播基督教。其实，沙勿略在这时来到日本是有原因的。向前回溯 32 年，在当时的欧洲，一直是天主教中心的罗马天主教会遭到了马丁·路德的猛烈攻击。此时，教会向人们兜售赎罪券，宣称只要购买赎罪券，就能抵消罪行。当然，耶稣基督是不承认这些的，《圣经·新约》中也没有任何相关记载，这只是掌握了权威的教会想出来的赚钱方法罢了。对此，德国人路德指出了赎罪券的本质，成了宗教改革的开始。

改革的风潮蔓延了整个欧洲。在法国，加尔文也发起了类似的运动，并建立了加尔文教，属于新教[②]。旧的和新的，哪一方更有势力呢？一般来说，新生事物会更有生命力。所以，新教占了上风。

[①]在日语中"炮"字的发音与"葡萄牙人"中"葡"的发音相同。
[②]新教，16 世纪宗教改革中脱离罗马天主教的教会和信徒形成的一系列新宗派的统称，汉语中，通常将新教直接称为基督教，而旧教则称为天主教。——编者注

因此，当时最大的天主教国家西班牙组织了教团（耶稣会①），向当时还没有普及天主教的亚洲等地派遣传教士。于是，沙勿略来到了日本。天主教的传教士中，除沙勿略外，葡萄牙人路易斯·弗洛伊斯也很有名。他把自己和织田信长等人的交流记录在《日本史》一书中。

简单总结一下，1549 年，西班牙人沙勿略将基督教传入日本。千万不要和葡萄牙人将铁炮传入日本这一点混淆哦。

之后，传教士们开始在日本各地进行传教活动。他们建立了神学院，还开办医院和孤儿院，发展了很多基督教信徒（"切支丹"②）。其中，信教大名称为"切支丹大名"，最著名的是高山右近和小西行长。

南蛮贸易

当时，日本人称葡萄牙人和西班牙人为南蛮人。这个词原本是中国用来称呼周边国家人民的词语，带有贬义，意为"南方的野蛮人"。事实上，这些人带来了日本没有的文化，并不是野蛮人。不过，当时葡萄牙和西班牙正侵略南美洲和亚洲的土著居民的领地，而且在日本人看来，他们胡子拉碴，又高又大，看起来就像野蛮人。商人、大名在长崎和平户（今长崎县）与他们进行贸易，称为"南蛮贸易"。此前，日本只和中国、朝鲜有贸易往来。自此，日本开始与欧洲进行贸易，出口白银等货物，进口铁炮、火药等。此外，少见的玻璃制品也很受欢迎。烟草、南瓜、土豆、纸牌也在这时传入日本。所以，这些东西在日语中都是用外来语表示。

---

①耶稣会，天主教主要修会之一，又称"耶稣连队"，其主要任务是教育与传教。——编者注
②切支丹，原为"吉利支丹"，源于葡萄牙语基督教徒一词"cristão"，江户时代为避德川纲吉之讳而改称"切支丹"，蔑称"切死丹"。——编者注

织田信长

群雄割据的战国时代，终于出现了一位英雄，将纷乱的局面引向统一。这位英雄就是织田信长。

织田信长是尾张国（今爱知县北部）武将织田信秀的次子，不一定能继承织田家。所以，他统一天下的霸业最初是从统一织田家开始的。1559 年，他终于统一了织田家，之后又战胜了织田家嫡系的另一支，成功统一了尾张。

紧接着，翌年又迎来了著名的桶狭间之战。当时骏河（今静冈县）大名今川义元率领大军直攻尾张。据说，织田信长是抱着必死的决心前去迎战，迎战前还跳了《敦盛》中的幸若舞（日本传统戏剧"能"的一种），唱着著名的歌词："人生 50 年，天地永流传，世事流水去，恍若一梦中。"（人的一生最多只有 50 年，和悠长的时光相比，世事如流水，梦幻般短暂，瞬间即逝）。敦盛就是平安时代源平合战中的平敦盛。跳完这支舞后，信长带领数骑朝热田神宫飞驰而去，祈求胜利，随后赶来的家臣们跟随信长，采用奇袭战术，以不到对方兵力十分之一的两千军队，迎战今川义元的两万五千大军，斩获了今川义元的首级。

1567 年，信长攻陷了斋藤义龙之子龙兴统治的稻叶山城，而斋藤义龙是信长岳父斋藤道三的仇敌 [1]。信长将稻叶山城改名为岐阜，这个名字来源于中国周朝起源于岐山，最终夺取了天下的典故。他在这时开始使用"天下布武"的印信，可以看出他已有统一天下的野心。在

---

① 斋藤道三是斋藤义龙的父亲，父子于 1556 年反目，在长良川开战，道三战死。——编者注

织田信长　　　　　　　　丰臣秀吉

这里就必须要提到丰臣秀吉了。当时还叫木下藤吉郎的丰臣秀吉在墨俣一夜间建成一座城，也正是在这时。

翌年，第十二代将军足利义晴之子、第十三代将军义辉之弟足利义昭向信长寻求保护，信长护送他前往京都，并帮助他成为第十五代将军。

虽然足利义昭在信长的帮助下登上了将军之位，但他认为信长并没有把他当成将军，只是当成傀儡，因此与信长产生了矛盾。足利义昭召集了甲斐的武田信玄、越前的朝仓义景等大名，以及大阪石山本愿寺、比叡山延历寺的势力，包围信长。

于是，信长陷入困境。他与妹妹织田市（阿市夫人）的丈夫、近江的浅井长政联合，迎战越前朝仓，却遭到长政的背叛。哪怕英勇如信长，也不得不慌忙逃回。而此时，德川家康和木下藤吉郎承担了最危险的殿后任务（在最后阻拦敌人以保护己方队伍安全撤走的部队）。靠着他们的拼命阻拦，信长才得以在败逃后很快重整旗鼓，并于1570

年在姊川之战中打败了朝仓、浅井的联军。一般人死里逃生后都会变得胆小，至少也会稍做休整，但织田信长却没有这么做，而是很快扳回局面，这正是他的非凡之处。

信长将包围网撕开了一个口子，于1571年火烧比叡山。一般认为他是火烧比叡山的第一人，但其实足利义教早已做过。这并不是单纯的宗教打压，而是这个时代的寺庙和神社也拥有武装和军队。

到了1572年，织田信长又遇到了困境。武田信玄的骑军自矜天下无敌，织田德川联合军（其实只有德川军，织田信长没有出阵）在与他对战的三方原（今静冈县滨松附近）之战中大败。据说，德川家康在败逃过程中吓得遗屎马上。信长陷入了必须要和气势正胜的信玄交战的困境。但就在此时，武田信玄病重，武田军开始撤兵，信玄病死在撤兵途中。信长真是幸运啊。

1573年，终于完全打破包围网的信长把罪魁祸首和眼中钉将军义昭赶出了京都。一般把这看作是室町幕府的结束。

1574年，信长镇压了发生在自己的大本营附近伊势长岛（今三重县）的一向一揆，这一次，他连女人和孩子都杀了。

1575年，著名的长筱之战爆发。战役发生在今爱知县和静冈县交界处、位于爱知县境内的长筱，织田信长大战武田胜赖。此次，信长联合家康，利用铁炮队取得了胜利（有说法认为铁炮队并没有那么大的威力，这种说法很有说服力）。之后，信长又命令柴田胜家镇压了之前提到的加贺的一向一揆（1580年）。

1576年，信长开始在京都近郊琵琶湖附近的安土营建安土城。据说这座城池设置了巨大的瞭望楼，非常豪华壮观。

信长还在城堡四周建造了城下町，静待统一天下的时机。但是，1582年，家臣明智光秀谋反，突袭了当时仅带了少量亲兵停留于京都本能寺的织田信长，信长悲惨死去，这就是本能寺之变。

乐市、乐座和关卡的废止

如上所述，织田信长几乎每年都会打仗，但他的厉害之处并不只如此。事实上，信长是日本历史上第一个重商轻农的武将。这个时代的武士有一半都出身于农民。他们拼命战斗最后得到的就是土地，所以不会在土地上建公寓，租出去收取租金，而是用于耕种，收获粮食。因此，不管哪个武将的军队，在秋天收获期都不会去打仗。但信长的军队完全由武士出身的人组成，随时都能战斗。而且，很多大名都向领地内的工商业者征收重税以增加收入，信长却免除了辖下城市市场的税收。因此，很多工商业者来到他统治的城市，促使城市日益繁荣。这是非常了不起的逆向思维。并且，正如前文所说，大名们为了增加财富，鼓励商人成立座，并给予他们特权，以此获得到巨额的冥加金①。对此，信长的做法正好相反，他废止了座，允许更多的工商业者自由生产，自由经营。这个政策称为"乐市、乐座"政策②。他还废除关卡，停止征收通行税，方便人们自由通行。这些重视工商业的政策正说明了信长的独到之处。

丰臣秀吉

凭实力独霸一方的战国大名们，其实大多数出身于武士家庭。也

---

①冥加金，原指献纳寺院之金银，此处冥加金其实就是一种营业牌照税。——编者注
②免除城下町的市物税和商业税，废除座商人特权，称为乐市；乐座则指进一步废除座本身。——编者注

就是说，他们一出生，便拥有了出人头地的机会。所以，丰臣秀吉很厉害。他是一个真正的平民之子（这算是一种奇怪的夸奖吧）。从平民之子到万人之上，丰臣秀吉可以说是日本历史上飞黄腾达第一人。或许正是这个原因，直到今天他依然深受关注。

丰臣秀吉原名木下藤吉郎，曾是信长的手下。关于他，民间流传有墨俣一夜造城、用胸口暖信长的鞋等传说（虽然可能不属实，但这些故事可以流传开来，足可见他非常聪明），他受封了近江长滨的一片领地。于是就成了信长麾下的武将——羽柴秀吉。之后，他尊信长之命，攻打中国地方①的毛利氏，水攻备中（今冈山县）高松城。此时发生了一件大事，改变了他的一生，这就是本能寺之变。得到信长的死讯后，秀吉立刻和毛利氏握手言和。毛利氏的外交僧安国寺惠琼作为中间人，以城主清水宗治切腹为条件，达成了和议，由此在电光火石间实现了所谓的"中国大折返"，在京都的山崎和明智光秀对峙，并在这次山崎之战中取得了胜利。

虽然秀吉成功地报了主君之仇，但他并不是织田家的继承人。信长的长子信忠和信长一起在本能寺之变中战死，次子信雄和三子信孝依然在世。本来，应该由这两人中的某一人担任织田家的首领。但是，在决定继承人的清洲城（信长在尾张时居住的城堡）会议上，秀吉使出了秘藏的杀手锏，那就是已故的信忠之子三法师（即织田秀信）。此时，三法师还只是一个孩子，但的确属于嫡系。秀吉因打败明智光秀报了信长之仇，所以很有发言权，因此获得信长的谱代（数代侍奉同一领主的家臣）丹羽长秀等人的支持。最后，三法师登上了家督之位，而秀吉则顺利成为他的保护人。

支持信长三子信孝的重臣柴田胜家不肯就此罢休，由此引发了

①中国地方意为中部地区。平安时代，日本仿唐制以京都为中心，根据距离远近将国土命名为"近国"、"中国"、"远国"三个地区。中国地方位于日本本州西部。——编者注

1583 年近江国的贱岳之战。这一战，秀吉大获全胜，随后，柴田胜家在其居住的城堡北庄（越前国，今福井县）自杀。而和胜家再婚的信长妹妹阿市也一起自杀了。秀吉很想救下阿市，但是，经历了两度破城、丈夫自杀、对手还曾经是自己人的不幸后，阿市心存死志。秀吉没能救下阿市，只好代为保护阿市的 3 个女儿。后来，长女成为秀吉的侧室，即生下秀赖的淀殿茶茶。三姐妹中的二女阿初则成为了大名京极高次的夫人；三女小督先是嫁给佐治一成，之后嫁给秀吉的养子（信长的四子）秀胜，在秀胜死后，又成为了德川幕府第二代将军秀忠的正室，生下第三代将军德川家光及其弟忠长。

言归正传，逼杀柴田胜家之后，秀吉又迫使信孝切腹自杀。而在这场战争中与信孝交恶的信雄站在了秀吉一方。

之后，信雄向家康求援。1584 年，秀吉和信雄·家康联军在尾张的小牧、长久手开战。实际上，在这场战争中，秀吉被家康的军队打得落花流水。但是，秀吉的可怕之处在于，即使如此，他依然能够哄骗信雄与他达成和议。这样一来，家康就失去了战争的正当借口，只好退兵，并与秀吉和解。

就这样，秀吉压制住了织田家的儿子们，成功地成为织田信长事实上的继承人。1583 年，秀吉在石山本愿寺的遗址上建立了大阪城（原为大坂城，明治维新后改为"大阪"），开始朝着统一天下的方向努力。但是，因为他是庶民出身，血统不高贵，没法成为征夷大将军。当时，要成为征夷大将军，必须是源氏或平氏的后代。而家康声称自己是源氏的后代，属于新田氏的一支。虽然是捏造的，但家康的确出身大名家庭，所以还可以编些谎话糊弄一下。秀吉连这都做不到。想要编造家谱，但不是武士出身，无计可施。于是，秀吉想让被信长赶出京都的末代将军足利义昭收自己做养子，但遭到拒绝。可能义昭不想让出身低下的秀吉玷污源氏这样高贵的门楣。被义昭拒绝后，秀吉又谋划做当时的关白近卫前久的养子。这次成功了。1585年，他就任关白一职（其实在官位上关白比将军更高）。翌年，朝廷赐给他丰臣之姓，他就成了丰臣秀吉，同时就任太政大臣。

太阁检地与《刀狩令》

秀吉不但统一了混乱的度量衡，还详细调查了田地，将耕种者记录在检地账上，然后分别标明每块田地预计的收获量，这就是太阁检地。太阁是对隐退关白的称呼。其实秀吉在成为太阁前就已经实行了检地。检地政策使庄园消失，各大名也被迫按照俸禄（石数）的多少义务出兵。

秀吉另一个著名的政策是《刀狩令》。《刀狩令》是为防止出现一揆，将农民、町人特别是寺庙、神社的刀、枪、铁炮等武器全部收缴。也许是要防备出现像他这样飞黄腾达的人吧。由此，农兵分离完成，身份制度更加稳固，下克上的时代宣告终结。

秀吉还平定了九州、四国等地，1590年，消灭了小田原的北条氏。他还得到了东北地区大名的拥戴，最终实现了信长未竟的统一天下的愿望。

出兵朝鲜

统一全国后，秀吉将目光投向了海外。据说，他最终目的不仅是占领中国，甚至要染指印度。他首先准备攻打明朝，要求朝鲜出兵协助。朝鲜拒绝后，1592年，秀吉出兵朝鲜（即文禄之役）。起初，秀吉军队势如破竹，一度攻占了汉城（今首尔）。后来，朝鲜海军将领李舜臣率领水军反攻，而中国明朝的援军也赶到朝鲜，秀吉只好暂时停战议和。和谈破裂后，1597年，秀吉再次派兵攻打朝鲜（即庆长之役）。但对朝战争陷入泥潭，前后持续了7年时间，直到1598年秀吉因病去世后，才宣告结束。

出兵朝鲜不仅给朝鲜人民带来巨大的苦难，也增加了很多大名的负担，招致他们的不满。这也是丰臣政权短命的原因之一。

桃山文化

最后，介绍一下安土桃山时代的文化。这个时代的文化称为"桃山文化"，最大的特点是豪华、规模宏大。最具代表性的是带有瞭望楼的城堡。其中最著名的是池田辉政的城堡姬路城，又名白鹭城，已经登上了《世界文化遗产名录》，被视为日本的国宝之一。整个城堡的房间都以隔扇画①作为装饰。曾经侍奉过信长和秀吉的著名画家狩野永德创作了《洛中洛外图》，现在这幅屏风也是日本的国宝。永德的弟子狩野山乐也曾侍奉过秀吉，同样是一位著名的画家。茶道的集大成者千利休也是这个时代的著名人物，他是堺市商人出身，曾侍奉过秀吉，最后切腹自杀身亡。出云国巫女阿国开创的阿国歌舞伎在民间非常受欢迎。

---

①隔扇画，画在隔扇上的绘画。——编者注

第八章　江户时代

〔250 年的太平〕

江户时代是一个很难理解的时代。在这个时代，基本没有发生过大的战争。家康出色的大名安置政策非常奏效，没有出现大规模的叛乱，在长达二百多年的时间中（虽然农民和被歧视阶层人民生活困苦），至少维持了表面上的和平，这一点在世界上都屈指可数。但是，没有变化也意味着很难给人留下深刻的印象，从而更加难以理解。

首先介绍一首有助于了解这个时代的咒语。虽然听起来神神叨叨，但的确非常有用。现在就翻开书页吧。

了解江户时代最有用的咒语

家康、家光、纲吉和新井，

吉宗、田沼、天明大饥馑，

定信、天保、大盐和水野，

佩里、直弼、庆喜与奉还。

下面来解释一下这个咒语的意思。

家康　当然就是指建立了江户幕府（即德川幕府）的初代将军德川家康。

家光　即第三代将军德川家光，实施了一系列政策，奠定了江户幕府持久稳定的基础，如参觐交代、《庆安御触书》、锁国等。

纲吉　即第五代将军德川纲吉。因颁布《生灵怜悯令》而臭名昭著。

新井　即新井白石。自此，幕府将军不再亲自执政，由老中代为执政。

吉宗　就是松平健主演的历史剧《胡闹将军》和大河剧《八代将军吉宗》中有名的德川吉宗。由于第七代将军没有后嗣，所以御三家中纪伊（纪州藩，今和歌山县）的吉宗继承了将军之位。他推行了享保改革，人称"米将军"。

田沼　是指田沼意次，任江户幕府老中一职。奖励株仲间，采取了诸多重商政策。但因贿赂而臭名昭著。

天明大饥馑　正如其字面意思，此时发生了大饥荒。

119

定信　即老中松平定信，为重兴幕府，实施了宽政改革。但没有成功。

天保　即天保大饥荒。幕府即将走向终结，民众生活极度困苦。

大盐　即大盐平八郎之乱。面对深受饥荒之苦的民众，幕府毫无作为，原幕府官员、大阪的大盐平八郎发动起义。虽然起义以失败告终，但他的勇气值得称赞。

水野　即老中水野忠邦，实施了天保改革，但失败了。

佩里　即美国海军舰队司令佩里，率领4艘黑船[1]来到浦贺，要求幕府开国。这一事件最终导致江户幕府终结。

直弼　即大老井伊直弼。不知道是否该称他为幕府的垂死挣扎。

庆喜与奉还　末代将军（第十五代将军）德川庆喜，实施了大政奉还，江户幕府宣告结束。

通过这一咒语，可以很快了解江户时代的大致脉络。下面介绍一些具体的人物、事件以及他们之间的联系。

关原之战

秀吉死后，只留下幼子秀赖。由于年幼的秀赖无法处理政事，就由秀吉任命的五大老和五奉行[2]联合处理政事（称为合议制）。五大老是当时最有实力的5位大名，分别是关东俸禄250万石的德川家康、加贺（今石川县南部）80万石的前田利家、吉备（今冈山县）55万

---

①黑船，即火轮船，因佩里来日时这4艘军舰船体被涂成黑色而得名，佩里来航也称"黑船来航"。——编者注

②奉行，日本平安时代至江户时代期间的一种官职。丰臣秀吉当权时，设奉行负责佐理政务，其中5位特别重要，相当于特任政务官。——编者注

石的宇喜多秀家、安艺（今广岛县）120万石的毛利辉元、会津（今福岛县）120万石的上杉景胜（原为筑前33万石的小早川隆景，隆景死后由上杉景胜递补）。

五奉行分别是滋贺近江俸禄20万石的石田三成、甲斐甲府20万石的浅野长政、京都丹波5万石的前田玄以、近江5万石的长束正家、奈良大河郡山20万石的增田长盛。

其实，无须记住他们的名字，也能抓住历史发展的脉络。不过，将他们的名字一一罗列出来是有原因的。相信大家也发现了，乍一看，与五大老的领地和俸禄相比，五奉行要少很多。

这5位奉行原本是丰臣家的家臣，让他们去压制原本不是丰臣家的五大老，完全不现实。从上面可以看出，家康的俸禄在五大老中最高。在势力如此强大的家康手下，五奉行战战兢兢，莫敢违逆。家康无视秀吉的遗言，不断和有实力的大名联姻，扩大势力。石田三成反对家康的做法，但他的俸禄还不到家康的零头，所以虽有怨言，却无计可施。而且，石田三成充满正义感又十分聪明，遭到周围人的妒忌和怨恨。甚至不知道何时起，连从小就与秀吉感情深厚的加藤清正和福岛正则都站到了家康一边。清正和正则由秀吉的正妻北政所抚养长大，他们虽然想保护秀赖，但更憎恨石田三成。再有，清正等人是武斗派，而石田三成是文治派，他们合不来也是情理之中。更何况虽然他们比三成更早认识秀吉，但秀吉更宠爱三成。家康不可能不利用这一点。尤其糟糕的是，秀赖的生母是淀殿（信长的侄女），而秀吉的糟糠之妻是北政所（名为宁宁或阿宁）。虽然北政所并没有讨厌庶出的秀赖，但她却让清正等人听命于家康。于是，原本就不把秀赖当回事的家康言行举止日渐傲慢。

这时，石田三成挺身而出。不过，此时他已退居二线，不再是丰臣家正式的执事，因此拉来毛利辉元当了名义上的大将。即使石田三

关原之战的布阵

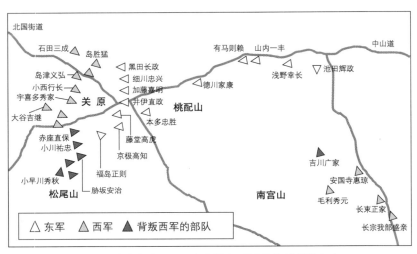

北国街道
石田三成　岛胜猛
岛津义弘
小西行长
宇喜多秀家　关原
大谷吉继
赤座直保
小川祐忠
小早川秀秋
松尾山
胁坂安治

黑田长政
细川忠兴
加藤嘉明
井伊直政
本多忠胜
藤堂高虎
京极高知
福岛正则

有马则赖　山内一丰
浅野幸长
德川家康
桃配山

中山道
池田辉政

吉川广家
安国寺惠琼
毛利秀元
南宫山
长束正家
长宗我部盛亲

△ 东军　△ 西军　▲ 背叛西军的部队

吉川广家勾结德川，没有参加战斗。因此毛利以下的西军部队都没有动。

成不断努力，丰臣方面（西军）也只是在表面上得到了众多大名的支持，并没有团结在一起，也没人听从石田三成的命令。而他们的敌人家康则是俸禄为 250 万石的"大名中的大名"。再者，一些原本应当支持丰臣家的武将也背投家康一边（东军）。胜负早无悬念。

这一时期留下了很多趣事，比如，上杉家的家老①直江兼次十分有男子气概，他写了一封信，斥责家康不义；大河剧中非常有名的山内一丰，他将别人的主意据为己有，而且明明没什么大的功绩，却在战后成为高知土佐的大名，雄霸一方；还有真正的男子汉岛左近和为朋友两肋插刀的大谷刑部，等等。（但这些故事均为虚构。）

言归正传。两军在日本的正中央——美浓国关原（今岐阜县）一

---

①家老，江户时代因参观交代制度代替各藩大名管理领地及其他事务的职位，通常家老一职由谱代家臣中佼佼者担任。——编者注

决雌雄。这就是 1600 年决定天下归属的关原之战。

其实，在布阵阶段，西军本来具有压倒性优势，阵势布得非常好。但家康比石田三成高明不止一星半点。而且，西军中有些武将消极作战。

例如，萨摩的岛津义弘向石田三成提议夜袭，却被说成是卑鄙小人，他非常恼火，不肯积极参战，最后甚至穿过东军阵地，返回领地萨摩。

还有很多因石田三成个人的固执导致的失败。同时，虽然西军大将毛利辉元率领大军进驻了大阪城，却不肯再出城一步，也没有参加关原之战。有说法称这是因为当时谣传，一旦毛利辉元出战，家康就会趁机命城内的叛徒夺取大阪城。不管怎样，阵势雄壮、优势明显的西军因小早川秀秋的背叛而深受打击。结果，东军仅在一天之内就取得了胜利。小早川秀秋其实是北政所的外甥，是名门望族小早川家的养子和继承人。他因关原之战中的功绩而获封领地，却在两年后就病亡了。不知道是不是日夜忏悔自己的背叛行为所致。

谁也没想到关原之战在短短一天之内就结束了。据说，九州的黑田如水还想着要是运气好，或许自己也能夺取天下，所以急忙从九州派兵参战，但没赶上。他的儿子长政因为在东军中立下大功，受到家康亲自嘉奖。后来长政将此事当作荣耀讲给如水听时，如水却说："你当时为什么没有刺杀家康？"

此外，关原之战时，家康的儿子秀忠率领大军行进在中山道上时，意图攻占信州上田的真田昌幸的城堡，不但没有成功，还耽搁了时间，等他赶到关原时，战争已经结束。因为这件事，家康从此不再理他。虽然他后来成为江户幕府第二代将军，却没给人留下什么印象。

江户幕府的组成

关原之战中获胜的家康在 1603 年被任命为征夷大将军，建立了江户幕府，江户时代由此开始。

德川家康成为征夷大将军，建立了江户幕府，称得上是英雄。但此时他已过花甲之年，所以，后世戏称他为"英雄老大爷"德川家康。

此时，丰臣家仍在大阪城内苟延残喘。家康出任将军后不久，就传位给儿子秀忠，以此向丰臣家表明，自己无意将幕府相让，将军之位将在德川家世代相传。

在大名的安置上，江户幕府做得相当出色。首先，安排亲藩的德川家亲戚们（多姓松平或水野）掌管江户周边及其他地区，以此巩固自己的周边。

其次，在其他一些重要地区设置谱代大名，即在关原之战前就已是德川家家臣或站在德川家一方的大名。在关原之战后投靠德川家的大名称为"外样大名"，因为无法信任，所以一般把他们安置在偏远地区。这种安排真是相当聪明（但讽刺的是，在明治维新时期，正是由于这种安排，萨摩和长州一起推翻了幕府）。

将军将代代在德川家传承。万一将军没有留下后嗣，又该怎么办？事实上也有保险措施，那就是御三家。家康将九子义直安排到日本在地理上的中心尾张名古屋，将十子赖宣安排到木材产地和歌山纪伊，将十一子赖房安排在江户附近的茨城水户。这就是尾张、纪伊、水户的御三家。不过，原本排位最高的尾张家直到最后都没有出过一位将军。

此时，相信大家已经发现了一个问题，那就是，为什么分封领地是从家康的第九个儿子开始？为什么没有出现最重要的长子？下面将简要介绍其原因。

家康在夺取天下时已步入晚年，而他年轻时生的孩子基本都没什么好下场。比如，长子信康，从名字上可以看出，当时是信长的时代，家康迫于信长之命不得不杀掉信康。次子结城秀康，同样，一看名字就知道，这个孩子出生时正是秀吉的天下，他先是被秀吉要去做养子，后来又成为结城家的养子，所以叫结城秀康。他的人生虽然不像兄长那样悲惨，但年仅 34 岁就去世了。三子秀忠就是后来的第二代将军。四子松平忠吉据说非常出色，可惜在 28 岁时就英年早逝。五子武田信吉生来体弱多病，被送给武田家做养子，在 21 岁时离世。六子松平忠辉，不知出于什么原因，一直被家康视为眼中钉，不过他倒是一直活到第五代将军德川纲吉的时代。七子松千代、八子仙千代都在 6 岁时夭折。因此，九子到十一子就成了御三家。

虽然一些重要地区由以御三家为首的亲藩统治，但一些具有重要战略意义地区及金银产地则被划为幕府直辖地，由幕府直接统治，称为"天领"，意为属于天下人的领土。当时，天领主要有江户、京都、大阪、奈良以及金矿资源丰富的佐渡、盛产木材的甲斐和飞驒（飞州，今岐阜县北部）等。

幕府将俸禄在 1 万石以上的武士称为"大名"，将大名统治下的领地称为"藩"。因此，江户时代的政治体制称为"幕藩体制"。

江户幕府的构成如下：地位最高的是将军，由数名老中负责辅佐将军。老中主要在谱代大名中选任。需要做重大决策时，也会临时任命大老。大老只设 1 人，权力高于老中。大老一般只在谱代大名中的井伊、酒井、土井、堀田这几家中选任（只在第五代将军纲吉时有例外，纲吉任命柳泽吉保为大老）。

老中之下设大目付、町奉行、勘定奉行等职，主要从将军直属的旗本（俸禄未达 1 万石的将军直属家臣）武士中选任。同时，为了监视京都的朝廷，设置了京都所司代（相当于镰仓幕府时的六波罗探题）。为了监视丰臣家衰败后的大阪，又设立了大阪城代。

朱印船贸易

贸易可能与家康的形象不太相符，但他的确非常重视这一方面。幕府发给商人名为"朱印状"的许可证，鼓励商船航行海外，所以叫做"朱印船贸易"（持有朱印状的商船称为朱印船）。

朱印船贸易的对象是东南亚地区。当时，山田长政乘坐朱印船到了暹罗（今泰国），在日本人聚居的日本町非常活跃（曾是日本町头领）。

大阪冬之阵、夏之阵

在活着时拔去眼中钉丰臣家，对家康来说是必须完成的最后使命。虽然已经没有大名反对德川家，但还有很多人在心底向着以大阪为中心的丰臣家，而且秀赖已长大成人，必须尽快行动。

为了消耗丰臣家的巨额资产，家康劝说丰臣家修建寺庙祭祀秀吉的英灵。丰臣家采纳了这一建议，先后重建和支援了数家寺庙，却因此埋下恶果。

丰臣家向重建的方广寺捐献了一口大钟，上面铭刻着"国家安康，君臣丰乐"，原意为，"希望国家永葆和平，永无灾难疾病，希望天皇和臣民都生活丰裕，世间和乐。"但家康却找茬说这是别有用心。

他认为，"国家安康"将"家"和"康"分开，是诅咒家康，而"君臣丰乐"则暗指丰臣家作为君主万世繁荣的祈愿。家康以此为借口，要求丰臣家交出大阪城，并将领地迁到大和郡山。当然，丰臣家的俸禄也会相应大大削减。此时，如果顺从家康的命令，丰臣家或许可以作为一个小小的大名，偏安一隅（但从幕府之后的政策来看，即使如此，也无法避免幕府的百般刁难和被消灭的命运）。不过，丰臣家拒绝服从。

于是，家康下令讨伐丰臣家，动员各地大名，围困大阪城，即大阪冬之阵。即使此时几乎已经没有大名站在大阪一方，丰臣家仍在大阪城集结了十余万在关原之战中失利而没落的大名和颓败的浪人，但尚不能与家康一战。不过，浪人却拼死相抗。尤其是真田幸村，他的英勇作为永载史册。他是关原之战中令秀忠败得灰头土脸的真田昌幸的次子（事实上，昌幸的长子属德川一方。这样，无论关原之战中哪方获胜，真田家都能确保无恙）。幸村是一个军事天才，如果采纳他的战术策略，说不定最后大阪方能够获胜。可惜他当时只是一个浪人，大阪方不可能按照他的策略来战斗。他在大阪城外建造了名为真田丸的出城（修建于城墙外的小城，可作为防御工事），令德川方一时陷入混乱，可大阪方的实际领导人淀殿却和德川方达成和解。

此时德川家康已经使用大炮集中火力炮轰了大阪城中淀殿等人的居所。因此，虽然战争还没有决出胜负，胆战心惊的淀殿却坚持要议和，听信了德川方的借口，接受了不利条件。

这个条件就是填埋总堀。总堀是指环绕大阪城最外侧的护城河。事实上，家康不擅攻城，更何况大阪城的护城河乃天下第一。在冬之阵中，因护城河的阻挡，德川方没能消灭丰臣家，所以家康才提出填埋护城河的条件，迫使大阪方毫无还手之力。而大阪方觉得，填埋最外侧护城河无关紧要，而且还抱着侥幸心理，认为填埋工作是由己方完成，所以可以故意拖延，以至于最后不了了之。

但家康的手段明显更高一筹。首先，他们坚称总堀不仅指最外侧的护城河，而是指"总"的，即全部护城河，因此要填埋大阪城所有的护城河。而且，在大阪方抗议"当初说的不是这个意思"时，家康就派人先填埋了护城河。这样，大阪城就如同手无寸铁的士兵，不堪一击。

之后，家康再次命令丰臣家交出大阪城，改封他地。还找茬说，大阪城中滞留大量浪人，是想反对德川家。（这是事实，所以算不上找茬。）

于是，第二场战争——大阪夏之阵开始了。

在这场战争中，以幸村为首的浪人依旧英勇战斗。但是，没有护城河，连固守城池都很困难，人数上也远远少于德川一方，大阪方已经没有取胜的希望了（即使如此，在战斗中幸村还是令家康险些送命）。此时，幸村请求秀赖出面。他认为，只要秀赖出面，那些曾受过秀吉大恩的大名就不能毫无顾忌地进攻大阪。但这一提议遭到了淀殿的反对，在犹豫不决中，情况进一步恶化，连秀赖出面都无法挽回局面。最后淀殿和秀赖自杀身亡，之前秀赖的妻子千姬（秀忠之女）请求家康饶过两人性命，但家康没有应允。就这样，丰臣家两代而亡，而德川家权掌天下的时代拉开了序幕。

《禁中并公家诸法度》

家康不仅制定了管理大名的法律，还制定了管理朝廷（天皇）的法律，这就是《禁中并公家诸法度》（又名《禁中方御条目》，共17

条）。这样，天皇和朝廷都被迫听命于幕府，此后直到幕府末年，朝廷基本上再没在历史舞台上出现。这是江户幕府与镰仓幕府、室町幕府的根本差异。

德川家光

第三代将军德川家光进一步完善了幕府的统治。

他是第二代将军秀忠的长子（在他之前的兄长都夭折了），但父亲和母亲都只宠爱聪明俊秀的弟弟，所以他很可能无法登上将军之位。他的乳母阿福直接求见了当时退隐骏河的家康，提出应由长子继位，令家光最后成为将军。后来阿福受到封赏，被称为"春日局"。大河剧《春日局》和电视剧《大奥》都展现了她的风采。

而没当上将军的弟弟名叫忠长，后来获封领地，成为俸禄55万石的大名，但因对幕府不敬，被逼自杀。

成为将军后，家光励精图治，进一步完善了幕府的统治体系。

据说，他经常说"余生来即为将军"，意思是，我的祖父和父亲刚开始都只是一名武将，和你们一样同为大名，或许还受过你们的帮助，但我出生时幕府已经建立，我生来已注定会成为将军，身份和你们这些大名不同。虽然不知道这个故事是否属实，但从这句话就能想象出他成为将军后实行的铁腕政策。

参觐交代与五街道

家光在旨在保证"幕府在德川家代代相传"的法律《武家诸法

度》①中，加上了"参觐交代"制度。这一制度要求大名们除在领地拥有宅邸外，还要在江户建立宅邸，其妻及其子女必须住在江户，以一年为期（视远近期限不同），大名必须在领地和江户交替居住。为什么要制定这一看似无用的制度呢？让大名的妻子和子女住在江户，是为了把她们当作人质；频繁的往来则可以消耗他们的钱财，使他们无力反抗幕府。的确，大名们虽有怨言，却再也没有发动过叛乱。

幕府还整修了道路。特别是在第四代将军家纲时，建设了尤为重要的"五街道"。五街道是指以下 5 条道路：首先是沿太平洋沿岸连接江户和京都的东海道（后来变成现在的东海道本线、东海道新干线、东名·名神高速公路的一部分以及国道 1 号线）；沿山路连接江户和京都的中山道（又称中仙道）；连接江户和甲府的甲州街道（也称甲州道中，现在是国道 20 号的一部分，和 JR 中央本线并行），连接江户和东北白河的奥州街道（也称奥州道中），最后是日光街道（也称日光道中），连接江户和日光，祭祀家康的日光东照宫（今栃木县）即在日光。

在这 5 条道路上都设有驿站（即"宿驿"），有驿站的城市称为"宿场町"，非常热闹。并且，道路的要塞处还设立了关卡（称"关所"），管理进出人员。特别是"入铁炮出女"，即在关卡处严格查验运往江户的铁炮等武器，以及离开江户的女性。

这些措施是以防有人将武器运入江户和防止作为人质的大名的妻子逃跑。简言之，就为了防止谋反。在关卡中，以接力赛出名的箱根关所非常有名。不过，大井川比箱根更险峻，被誉为"箱根八里可凭马行，大井川却是马都走不过去"。这条河位于静冈县，幕府为防叛乱的军队进入江户，故意不建桥。据说大井川涨水时，不只大名，连

①《武家诸法度》，1615 年 7 月由德川幕府制定，最初为 13 条，到德川家光时增补为 21 条。——编者注

旅人都要被迫在此停留数日。

三都

江户时代，被称为"三都"的3个城市日益繁荣。首先是江户，是"将军脚下"；其次是京都，是"天皇脚下、天子脚下"；最后是大阪，这里是商业中心，被称为"天下的厨房"，大名在这里建立栈房（称"藏屋敷"），非常热闹。

《庆安御触书》

等待农民的是艰辛的生活。最能体现这一点的是《庆安御触书》（似为伪书），据说是由家光制定的。其中写道，"农民应当早起割草，白天耕田，晚上在家编绳或织袋，一天都要辛勤劳动"，又如，"农民可食用麦子、粟米、稗子，但不得食用大米"、"不得穿着棉麻之外的衣物"、"不得喝酒抽烟饮茶"，甚至还有"即使是美女，若是性喜奢华，则可休离"。

士农工商和地方三役

同时，幕府还严格实行士农工商的身份等级制度。

身份最高的是"士"，即武士。武士拥有称姓带刀的权利，即允许武士拥有姓氏（"苗字"，这一时代的农民是没有姓氏的）和佩刀。

地位居第二的是"农"，即农民。因为一旦农民不生产粮食，武士就无法生存。农民之下是制作物品的"工"，即工匠。最后是既不生产粮食也不制作物品，只是流转商品的"商"，即商人。不过，其实最辛苦的还是农民。农民有"五公五民"、"四公六民"之说，即需要把收成的 40% 或 50% 作为地租上缴，而且不能自由买卖田地，不能转种其他土地，也不能种植除稻米外的其他作物。此外，幕府还对农民实行五人组制度，即以五户为一组，如果有一户未缴地租，或违逆官员，同组其他户也要受罚，也就是连坐，让农民相互监视，还真是残酷的制度。

农民的生活实在艰苦，所以，为平复他们内心的不满，幕府将农民的地位置于"工"和"商"之上（这样能让农民自我感觉良好，产生一种对工匠和商人的优越感，由此压制其内心的不满）。

事实上，为转移农民的不满，幕府还做了更过分的事：歧视"秽多"和"非人"。秽多的字面意思是"秽行"很多的人。可能是受佛教禁止杀生的影响，日本人很讨厌接触死亡，因此将从事经常接触动物尸体的工作（如皮革制造等）的人称为"秽多"加以歧视。真正享用皮革制品的正是那些身份很高的人。"非人"从其字面意思来说，即"不是人"。当时把罪犯及其家族称为"非人"。可能有人会觉得"谁让他们犯罪呢"，但是，这个时代的罪犯，虽然也有杀人或偷盗的人，但更多是反抗幕府压迫，或指责幕府官员恶行的人。所以，幕府的这种做法非常无理。遗憾的是，不少农民都被幕府的这种策略迷惑，歧视"秽多"和"非人"，并取笑他们当作消遣。

农民之间也有身份差异。有土地的农民称为"本百姓"，无地的农民称为"水吞"。本百姓中家境富裕的人则担任称为"地方三役"

的名主（关西称为庄屋）、组头、百姓代等职①，负责征收地租等工作。

岛原之乱和锁国的完成

1637 年，在长崎的岛原，以天主教徒为主的农民发起了起义，史称"岛原之乱"。长崎从南蛮贸易时起就是贸易港口之一，因此有很多天主教徒。此次起义军的领袖是天主教徒少年益田四郎时贞（即天草四郎），在他的领袖魅力感召下，起义军相当顽强。但幕府在荷兰的协助下（荷兰是新教国家）发兵镇压，起义军弹尽粮绝，以失败告终。原本幕府就将基督教视为威胁（基督教认为神比将军更伟大，不利于幕府统治），以此为契机，逐渐加强对基督教的镇压力度，同时重点强化了锁国政策。

为了找出隐藏的基督教徒，幕府命令人们践踏基督和圣母的画像，这就是"绘踏"。不过，在日语中，"踏绘"这个词更常见，让人做某事来明确表明自己的好恶，就是踏绘。如果不肯践踏，就会被认定是隐藏的基督教徒，要么宣布放弃信仰，要么接受处罚（很多人因此被处死）。

同时，幕府还强制实行了寺请制度（又称"檀家制度"），即所有人都必须成为某个寺庙的施主。寺庙制作类似于户籍的"宗门改账"（也称"宗门人别账"），以向幕府证明他的施主不是基督教徒。这一制度极大影响日本佛教的存在方式。佛教原本并没有祭祀祖先的习俗，因为创建佛教的释迦牟尼没有供养祖先，他抛弃父母出家，悟到的是，"所有有形之物必被毁坏，所有活着的东西必将死去，因此

①名主，一村之长，管辖事务广泛，由村中拥有大量土地的富民担任；组头是名主的副手；百姓代是名主和组头的监察官，也从拥有大量土地的富农中选举产生。——编者注

不必执著"。所以，执著于已死之人并不符合佛教教义。但是，日本人从心理上很难忽视自己的祖先。所以，早已存在为死者念经祈福的人。但是，真正由寺庙管理家庭墓地和祭祀事宜，是从这时开始的。

为了防止基督教的传播，同时垄断贸易利润，幕府决定禁止一切对外交往，这就是锁国政策。1639 年禁止葡萄牙船只来日标志着锁国完成。

不过，与中国（当时的清朝）、荷兰、朝鲜的贸易还在持续。但是，贸易只允许在长崎扇形的人工岛——出岛上进行。锁国整整持续了两百多年。锁国政策一方面令日本保持了国内的和平稳定，另一方面也使日本远远落后于世界发展潮流。

阿依努、朝鲜、琉球

北海道曾被称为虾夷地，以前是阿依努人的居住地。位于虾夷地南部的松前藩通过与阿依努人交易，获得了巨额财富。但是，交易条件对阿依努人非常不利，极度巧取豪夺。阿依努首领夏库夏依恩忍无可忍，于 1669 年发起针对松前藩的起义。只是，准备与松前藩和议的夏库夏依恩受骗被捕，最后被处死。这场战争被称为"夏库夏依恩之战"。

锁国时期，日本唯一保持正式邦交的国家是朝鲜。新幕府将军上任时，朝鲜都会派遣朝鲜通信使访问江户。对朝贸易则在离朝鲜最近的对马藩进行。

冲绳在当时称为琉球，是中国的属国，在 1609 年被萨摩藩侵略。萨摩藩在琉球收取高额地租，并通过琉球与中国贸易，获得巨额财富。

要点整理
德川幕府初期的主要统治政策

●对大名的统治

大名的安置 （在江户附近设置亲藩，周围分给谱代大名，边远地区分给外样大名）

亲藩（德川家的亲戚 包括御三家＝尾张·纪伊·水户）
谱代大名（在关原之战前就已是德川家的家臣或已站在德川家一方的大名）
外样大名（关原之战后投到德川家一方的大名）

《武家诸法度》 （完善大名应当遵守的法律）

参觐交代 （为了使大名听命于将军，规定大名必须往来于江户和自己的领地之间。随之整顿五街道，设置关卡）

●对朝廷的控制

《禁中并公家诸法度》 （完善朝廷和公卿必须遵守的法律）

●对农民的统治

《庆安御触书》 （规定农民应当遵守的生活规范）

五人组 （通过连坐，使农民相互监视）

地方三役 （从拥有土地的本百姓中选择富裕农民担任村中官员）

●宗教政策

禁止基督教和寺请制度 （规定每个人都必须是某个寺庙的施主）

德川家纲

家光的长子家纲继承家光成为第四代将军。在他统治期间，发生了军事学家由比正雪集结浪人企图推翻幕府的事件。但由于幕府事先有所察觉，所以没有引起较大的动乱（由比正雪之乱）。自此，为了阻止浪人继续增加，幕府减少了灭族大名的行为，统治方针也从纯粹依靠武力的黩武政治转向重视学问的文治政治。家纲在 40 岁时去世。

德川纲吉和《生灵怜悯令》

家纲没有留下子嗣。于是，家光的四子纲吉继位为第五代将军。也就是说，纲吉并不是生来就注定会成为将军。

事实上，当时，大老酒井忠清等人为了便于自己掌权，并不想让纲吉继位，而是想选一名皇室成员来继承将军之位。如果这件事成功了，估计德川家的天下早已结束，但最终没有得逞。纲吉当上将军后，立刻罢免了酒井的大老之位。纲吉非常喜欢学问，特别是他统治的前半期，被称为"天和之治"，深深影响了其后的德川吉宗。

虽然前半期的统治深受好评，但如果要说德川家历代将军中最胡闹的，只怕还要数这位纲吉将军，原因在于《生灵怜悯令》。纲吉没有儿子（曾有一子一女，但儿子早夭）。他非常重视儒学，儒学提倡"孝"，认为珍视父母最重要。因此，纲吉对母亲桂昌院言听计从。一次，他母亲推荐的一位僧人对他说："你前世造了太多杀孽，所以今生才没有儿子，今后请爱护动物，这样你才会有儿子。"于是，纲吉颁布了《生灵怜悯令》，要求天下人都爱护动物。在戌年（即狗年）时，他又特别提出要珍爱狗。所以纲吉被称为"犬公方"（公方即将军）。这个僧人的故事很可能是编造的，但纲吉的确颁布了这项法律。而且，不仅是狗，所有小动物都严禁杀害。爱护动物当然不错，只是纲吉的做法过犹不及了（人也属于动物，这部法律却没有重视人的利益）。幕府中有人对纲吉提出了批评，这个人就是水户黄门，即水户的德川光圀。为了劝谏纲吉，他曾将狗皮送到纲吉面前。

此外，纲吉还非常依赖他的侧用人（类似于今天的秘书）柳泽吉保，还降低了货币成色，引起通货膨胀。此时还发生了《忠臣藏》[①]中提到的著名的赤穗浪士袭击吉良府邸事件。富士山也在这时喷发过。

元禄文化

纲吉统治时期的文化被称为"元禄文化"。这是一种以上方（京都和大阪）为中心繁荣起来的文化。元禄文化还是以町人为中心的快乐文化。下面介绍一下具有代表性的几个领域。

首先，文学上出现了以描写城市中下层市民生活为主的"浮世草子"小说，非常受欢迎。特别是井原西鹤的作品，生动地描写了町人的生活和欲望。除《日本永代藏》《世间费心机》外，他还写了《好色一代男》等较为色情的作品。在人偶净琉璃（一种木偶说唱戏）的剧作家中，最著名的是近松门左卫门。除《曾根崎殉情》《冥土传书》等代表作外，还有《女杀油地狱》等名字看上去非常可怕的作品，其实故事非常老套，讲的是一个很有钱的富家子为了钱杀了油屋中的女

[①]《忠臣藏》，原名《假名手本忠臣藏》，以赤穗浪士事件为原型的故事，是日本歌舞伎中最优秀的剧目。——编者注

人。松尾芭蕉的俳谐①也非常著名。以前，俳句只是短歌的附加物，而松尾芭蕉却将它提高到了艺术领域。他还著有俳文（带俳句味的散文）游记《奥之小径》《荒野纪行》等。

绘画方面，尾形光琳的《燕子花图屏风》及菱川师宣的《回首的美人》等都很著名，在日本的美术教科书和邮票上非常常见。菱川师宣也是浮世绘②的开山祖师。

新井白石

纲吉64岁去世，即使他为了生儿子颁布了荒唐的《生灵怜悯令》，他的期待最后还是落空了。于是，家光的孙子，即纲吉的侄子纲丰改名为家宣，成为第六代将军。他当上将军时已经48岁了，仅在位3年就去世了。但他起用了学者新井白石和侧用人间部诠房共同辅佐新将军家继执政，家宣及其子家继的统治被称为"正德之治"。从内容上看，正德之治是对纲吉的全盘否定，不仅废止了《生灵怜悯令》（据说纲吉临死时，还留下遗言一定要保留这部法律），还恢复了货币的成色。

他们还做了一件非常了不起的事情。考虑到血统继承问题，天皇家族设有宫家，正如德川家设御三家一样。宫家分别是伏见宫、有栖川宫、京极宫（又称桂宫）。但仍有血脉断绝的危险，因此，新井白石提议新设一个宫家，即闲院宫。事实上，从明治天皇到今上天皇（现在在位的天皇）都出自闲院宫家。如果没有新井白石的这个建议，

---

①俳谐，即内容以诙谐幽默或讽刺嘲噱为主的诗歌。——编者注
②浮世绘，日本江户时代兴起的绘画形式，主要描绘人们的日常生活、风景等当代现实社会生活。——编者注

皇室很可能无法延续。

家宣留下了 4 岁的儿子家继。家继年幼，家宣建议以尾张的德川吉通为将军，或作为家继的保护人。但新井白石不赞成这么做，让家继登上了将军之位，事实证明这是个失败的决定。因为家继仅在位 4 年，就在 8 岁时夭折了，没有留下子嗣。可能大家会想，"接下来就让吉通来当将军吧。"但是，吉通在家继就任将军的第二年也死了，年仅 25 岁，死因很可疑。据说，他是吃馒头中毒而亡，而他的父亲也是因为吃了草莓中毒而死的。因此，有人认为他们死于暗杀。吉通身后只留下了年仅 3 岁的儿子五郎太，而他也在两个月后死了。于是，家继死后，他的叔叔继友继承了尾张，但在这样情况下，即使尾张藩是御三家之首，也无法推出下一任将军了。

德川吉宗和享保改革

夭折的家继自然没能留下子嗣，最后选择了御三家中与家康血缘最接近的纪伊的吉宗，继位为第八代将军。其实，正如江户幕府的很多将军一样，吉宗原本也不可能成为将军。因为他是纪伊藩主的第四子，且生母身份卑微。但他的兄长们早亡，所以他在 22 岁时就成了第五代纪伊藩主，再加上将军本家和尾张藩噩运不断，所以幸运地当上了将军（他的运气实在是太好了，所以有人怀疑将军和藩主之死都与他有关）。

就任将军后，吉宗罢免了新井白石和间部诠房（枪打出头鸟），时隔多年再次实施将军亲政。特别是为改善幕府恶化的财政状况（大概是过于奢侈浪费引发了财政危机），实行了各种改革。这一系列改革称为"享保改革"，是江户时代三大改革之一。一方面推动新田开垦，另一方面制定了足高（津贴）制，即当有能力的低俸者就任高位官职时，幕府发予官职津贴，以支持其担任该职位。在这个时代，俸禄决定就任的职位，不管多么才华出众，只要俸禄不够标准，就不能担任重要职位。所以，幕府无法起用有才之士，造成巨大的人才浪费。因此，吉宗制定了足高制，以使低俸者也能担任高位官职。不过，官位津贴仅在其就任高位官职时才发放，离职即取消。

同时，为了听取町人和农民的心声，他还设置了著名的"目安箱"（意见箱）。用今天的话来说，相当于给将军的"直通邮件"。后来为穷人设置医院小石川养生所、整顿"町火消"（市内消防队）制度等，都得益于目安箱。

町火消在历史剧中经常出现，即以"目组"为首、由48个组组成的消防团。

此外，吉宗还制定了《公事方御定书》作为审判的标准。这个时代最著名的法官是历史剧中的"远山的阿金"和"大冈越前"（这些人物都真实存在，但故事是虚构的）。

"接下来我将思考某某案件，你们先退下。""遵命。"——这是有关大冈越前的电视剧中经常出现的台词。大冈越前的原型是这个时代的南町奉行大冈忠相。因为他是越前守，所以称他为大冈越前。得益于足高制，他才能被吉宗起用，而他也正是依照《公事方御定书》来做出裁决。

为了增加幕府的财政收入，吉宗实施了上米制，即除缴年贡米外，各大名按照每1万石领地征收100石的标准上缴大米。这当然引起了大名的反对。于是，吉宗提出，只要交米，其参觐交代滞留江户的时间就可以缩短。正因为吉宗非常关心大米问题，所以被称为"米将军"，这可和"胡闹将军"大不一样啊。

吉宗还命令青木昆阳研究甘薯栽培技术，奖励商品作物的种植。

同时，他解禁了一部分因锁国而被封禁的洋书，推进了医学的发展，这一点将在后面细说。

更伟大的是，他以身作则，厉行节约，非常难得。另外，他身高一米八，在当时属于伟丈夫，有趣的是，他喜欢面容姣好但性格泼辣的女子。

吉宗的享保改革总体上非常成功。因此，其后幕府的政治家也力图效仿，但都没有成功。看来，一味地模仿是行不通的。

为了延续将军家的血脉，吉宗在御三家外设置了田安、一桥、清水三家为御三卿。与御三家不同，御三卿不担任藩主，领地也较小，幕府每年直接拨付 10 万石作为补贴。

日本国学和兰学

此时，新学问日本国学和兰学得到了发展。国学是指研究《万叶集》《古事记》等日本古典，探求日本的国家特点和日本人的思维方式以及思想的学问。代表学者是本居宣长，他是《古事记》的注释书《古事记传》的作者。

兰学是指吉宗解禁洋书后，通过学习西洋书籍得到的西方学问。德国医生西博尔德开设的鸣泷塾培养了很多兰学家。但是，他因企图将伊能忠敬绘制的最早的日本地图（伊能忠敬死后才最终完成）带出日本而被驱逐。提到医学，这个时代值得铭记的两个人是杉田玄白和前野良泽，在没有词典的情况下，他们翻译了荷兰语的人体解剖书《解剖新书》（*Anatomische Tabellen*），为日后医学的进步做出了重大贡献。

历代德川幕府的将军

	将军名	要点
第 1 代 (1603 ～)	家康	建立江户幕府
第 2 代 (1605 ～)	秀忠	大阪冬之阵、夏之阵
第 3 代 (1623 ～)	家光	参觐交代、锁国
第 4 代 (1651 ～)	家纲	文治政治
第 5 代 (1680 ～)	纲吉	《生灵怜悯令》
第 6 代 (1709 ～)	家宣	起用新井白石
第 7 代 (1713 ～)	家继	8 岁病死
第 8 代 (1716 ～)	吉宗	享保改革
第 9 代 (1745 ～)	家重	有语言障碍
第 10 代 (1760 ～)	家治	田沼意次的政策
第 11 代 (1787 ～)	家齐	宽政改革
第 12 代 (1837 ～)	家庆	天保改革
第 13 代 (1853 ～)	家定	《日美亲善条约》
第 14 代 (1858 ～)	家茂	幕末
第 15 代 (1866 ～ 1867)	庆喜	大政奉还

德川家重

精明强干的吉宗退位后，他的长子家重继承了将军之位。家重与吉宗完全不同，有语言障碍。因此，当时很多人推举家重文武双全的异母弟宗武，但吉宗认为，"如果让宗武继承，只怕会产生继承人之争。"于是，遵循这个方针，家重继位为第九代将军。但由于吉宗没有明确说明，所以没人知道确切的命令，据说还为此争论了很久。所幸此时吉宗仍然在世，退位后，作为大御所（从将军之位引退的人）依旧执掌政权。

宗武后来继承了御三卿中的田安家。家重的绰号是"小便公方"，因为相传他总是小便失禁。据说他喜欢下将棋，还留下了这方面的著作，所以他的智力应当是正常的。

田沼意次的政治

家重的儿子家治继位为第十代将军。但他基本上不亲自处理政事，只一味沉浸在将棋中（也留下了关于将棋的著作）。所以，家治在位时，由田沼意次处理政事。田沼意次原本是家重的小姓（即侍童），后来成为侧用人，最后又当上老中。

田沼政治的特点是重商主义，即重视商业。现代社会和资本主义的发源地也同样如此。与之相反的是重农主义，即重视农业。

田沼奖励株仲间。株仲间相当于室町时代的座，是一种同业行会。株仲间向幕府缴纳冥加金，幕府则授予株仲间成员独占特权，而非株仲间成员会被禁止从事相应的买卖。

他还致力于印幡沼（位于今千叶县）的排水造田工程，相当于现在致力于公共事业。排水造田类似于填海造田，但又有所不同。填海造田是填埋浅海滩、沼泽地等，使其成为陆地（现在，填海造田时甚至会使用垃圾），而排水造田则是筑起堤防，隔水排干后形成陆地。遗憾的是，这项工程最后失败了。

因为田沼推行重视商业和城市的政策，所以他在农民中的口碑很差。

这个时代灾难不断，经常发生饥荒。江户发生了大火灾（明和大火），浅间山的火山也喷发了。生活艰难的农民们纷纷抛弃田地，涌入城市。一些农村还发生了农民起义，前往城市打砸抢烧。

由于政治失利，田沼被罢免了老中之职。表面上看，田沼似乎不是什么好人，但他能不拘一格提拔有才之士，与著名学者平贺源内也有交往，并不是一个金钱至上的政治家。

平贺源内是当时的一位发明家，摩擦起电机就是他发明的（其实是修复了有故障的荷兰货）。源内才华横溢，他受鳗鱼店老板之托，写下了一句著名的鳗鱼广告——"土用丑日①吃鳗鱼就会身体健康"。

松平定信的宽政改革

第十代将军家治的儿子早亡，因此，一桥家的家齐成为第十一代将军。他起用了白河藩主，即当时深受好评的松平定信接替田沼意次担任老中。松平定信实施了宽政改革，是江户时代三大改革之一。

---

①土用丑日，在日本，每年立春、立夏、立秋、立冬的前18天被称为"土用"，18天中对应地支"丑"的那一天即为丑日。现在作为吃鳗鱼的土用丑日是指夏季的土用丑日。——编者注

这次改革以吉宗的享保改革为模板，但非常严厉和死板。

下面介绍一下这次改革的主要政策。首先是囤米制度。为了储粮备荒，命令诸大名储备一部分大米，不得使用殆尽。其次是《弃捐令》，和《德政令》一样，旨在救济苦于借款的旗本武士。再次是《归农令》。这条政策稍有不同，之前田沼的重商政策使很多农民涌入江户等城市，而定信试图通过这一命令，解决土地荒芜问题，恢复农村正常秩序，提高粮食产量。还有《异学禁令》，即将有利于幕府统治的朱子学（儒学的一派，提倡对上位者的绝对服从，有利于幕府统治）定为官方学问，禁止发扬其他学派的学问。

宽政改革就是如此严厉。正因为过分严格，当时有人唱出了这样的"狂歌"（一种讽刺政治或吟唱生活的短歌）：

"白河太清鱼难住，何如浊浊田沼！"

表面的意思是，"河水太过清澈，鱼儿反而无法生存。还不如以前浑浊的田地和沼泽。"水至清则无鱼，这首歌说的就是这个意思。当然，背后还有另一层含义。"白河"暗指白河藩主松平定信，他的宽政改革清查了贿赂等污秽之事，但太过干净、严厉，还不如以前的"田沼"，即田沼意次时的生活。这才是这首歌的真正含义。当时，因为不能批判官吏（被发现会受到处罚，甚至被处死），所以人们才想出这一隐晦的方式来讽刺政治。定信仅仅执政6年就下台了。宽政改革以失败告终。

大御所政治

之后，家齐让位给了儿子家庆，自己则作为大御所依旧处理政事，称为"大御所政治"。家齐还有一件非常出名的事，他有四十多个妻子（当然正妻只有一个），有五十多个子女。这些孩子的生活费令幕府面临财政危机。同时，家齐还将子女送给大名当养子或妻子。嫁女尚能接受，而把儿子送过来当养子，大名家就会被养子鸠占鹊巢。因此，家齐执政的时代，大名人人自危。

《异国船驱逐令》

从 18 世纪中期开始，就有俄国船只来到日本要求通商。1792 年，拉赫曼将漂流到俄国的日本船员大黑屋光太夫等人送到虾夷根室（今北海道根室市），并要求通商，但是，幕府不但拒绝通商，也禁止拉赫曼前往江户。自此，幕府命令沿海大名加强防卫，同时派遣间宫林藏前往虾夷地进行调查。在此次调查中间宫发现了库页岛。19 世纪时，英美船只相继出现在日本沿岸，于是，幕府颁布了《异国船驱逐令》（又称《外国船驱逐令》），彻底坚持锁国政策。1837 年，美国船只"莫里森号"将 7 名日本漂流民送回日本，却因是异国船而遭到炮击（莫里森号事件）。对此，兰学家高野长英和渡边华山著书批判幕府的锁国和异国船驱逐政策。他们的言论惹恼了幕府，遭到严厉处罚（即蛮社之狱）。

大盐平八郎之乱

1836 年发生了天保大饥荒，大米极度匮乏，不断有人饿死，各地相继发生了多起农民起义和打砸抢烧事件。到 1837 年，情况并未好转，而大阪町奉行却要将大阪的大米送往江户，激怒了大盐平八郎。

大盐平八郎原本是幕府官员，却站在民众的立场发动了起义。这就是历史上著名的大盐平八郎之乱。但是，由于事先有人告密，起义迅速被镇压，不管怎样，原幕府官员领导起义的事件，极大震惊了幕府。

化政文化

按照家齐的年号文化、文政，这一时期的文化称为"化政文化"。元禄文化以京都、大阪为中心，化政文化则以江户为中心。而且，与元禄文化的明快相比，化政文化更喜欢讽刺和滑稽。

在文学戏作（相当于现在的小说）领域，十返舍一九的《东海道中膝栗毛》非常有趣。这部作品讲的是弥次和喜多两人结伴旅行时发生的趣事。泷泽马琴的《南总里见八犬传》充满了浪漫的传奇色彩，直到今天依然深受民众喜爱，多次改编成动漫作品。这个故事讲的是，有8个里见家的武士，他们的身上都带有牡丹花状的胎记，名字中也带有"犬"字，他们从各地聚在一起后，齐心协力复兴里见家，情节跌宕起伏，引人入胜。

在俳谐领域，俳句诗人小林一茶非常著名，作品多同情弱者，充满温情（有俳句集《我春集》等）；与谢芜村（有俳句集《新花摘》传世）以擅长描写景色而著名，如著名的俳句"十里菜花黄，夜日东升，暮日西沉"、"春海碧波漾，悠悠终日闲"等。

绘画方面，称为"锦绘"的多色印刷版画广受欢迎。喜多川歌麻吕的美人画，东洲斋写乐的歌舞伎演员画，歌川广重的风景画集《东海道五十三次》，还有葛饰北斋的风景画集《富岳三十六景》等都蜚声海内外。

此时，普通民众获准接受教育。在寺子屋中，可以学习到诸如读写、算术等比较实用的技能。

水野忠邦和天保改革

在松平定信后，分别由松平信明、水野忠成等担任老中执政，但他们并没有进行改革。而在忠成之后出现了江户时代三大改革中的最后一个——天保改革，实施者是著名的水野忠邦。他先后担任大阪城代和京都所司代，家齐在位时出任老中。忠邦在家齐在位时，行事低调，但家齐去世后，开始实施天保改革。不过，改革并未推出新的政策。他提出的《人返令》，在内容上只是《归农令》的翻版；解散了株仲间，主要推行重农主义。同时，颁布《上知令》，企图将江户、

虎头蛇尾的江户三大改革

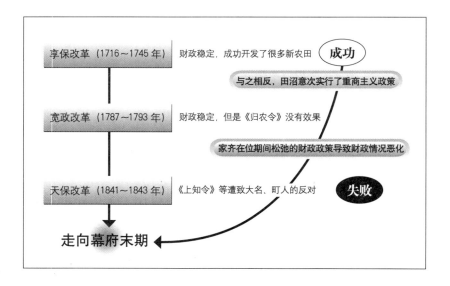

享保改革（1716～1745 年）　财政稳定，成功开发了很多新农田　**成功**

与之相反，田沼意次实行了重商主义政策

宽政改革（1787～1793 年）　财政稳定，但是《归农令》没有效果

家齐在位期间松弛的财政政策导致财政情况恶化

天保改革（1841～1843 年）　《上知令》等遭致大名、町人的反对　**失败**

走向幕府末期

大阪周边的大名和旗本的领地（称为"知行地"）收归幕府所有，因遭到强烈的反对而下台。从这些改革来看，三大改革越往后成功率越低，幕府逐渐呈现出末期症状。

佩里来航

1853 年，美国海军将领佩里率领 4 艘黑色的蒸汽船抵达浦贺港（今神奈川县三浦半岛的港口），这当然是无视日本锁国政策的行为。事实上，出于自身需要，美国必须要求日本开国。因为当时美国有捕鲸业。现在一提到捕鲸，人们都会认为"鲸鱼是很聪明的动物，捕鲸太残忍了"。美国在太平洋上捕鲸，需要食物和燃料补给基地，而日本正好符合要求。在美国之前也有很多国家要求日本开放，但都以失败告终。所以，各国积极鼓动日本开国。这里简要说明蒸汽船的动力原理。怎么用蒸汽驱动呢，举个简单的例子，当水壶中的水烧开后，水蒸气会顶起壶盖。蒸汽机就是利用这个原理来带动齿轮转动。有一首狂歌可以再现当时江户城中的百姓看到黑船之后的恐惧：

"太平梦中醒，四杯上喜撰，夜来总难眠。"

这首歌的意思是，"喝了 4 杯名茶上喜撰，夜里就睡不着了。"暗含的意思是，（自从锁国以来）天下太平的日本因 4 艘美国蒸汽船的到来而一片慌乱[1]，大家在晚上都无法安心入睡（人们惊慌失措，四处奔走），因为蒸汽船不用一天就可以从浦贺到达江户。

黑船是当时美国东印度舰队的军舰。幕府官员和江户的普通百姓们被黑船吓得胆战心惊。幕府被迫接受了佩里带来的美国总统菲尔莫

---

[1]在日语中，蒸汽船与上喜撰读音相同，"四杯"暗指"四艘"黑船。——编者注

尔的国书。佩里强烈要求日本开国，但幕府表示暂时无法决定，约定次年予以答复。

佩里来航发生在 1853 年，对幕府来说，这并不是他们希望发生的事情。

就在黑船来航引起的骚动中，继家齐之后的将军家庆去世，享年61 岁。于是，幕府以老中阿部正弘为中心，平定了国内的骚动。

《日美亲善条约》和开国

幕府好说歹说劝走了佩里等人，但接下来却将要面临更艰难的状况。因为事关重大，幕府将此事上报朝廷，并向诸大名征询意见。当时，幕府并未意识到这种行为的风险极大。此前，幕府一直独断专行，甚至权压朝廷（虽然在形式上，朝廷仍会提出一些建议）。所以朝廷和诸大名虽心怀不满，却不得不听命于幕府。而这次幕府不再高高在上发号施令，而是改变态度，征询朝廷和诸大名的意见，形成了一种近似于平等的关系。人们觉得，"啊呀，还要问我们意见呢，看来幕府也没什么了不起的嘛！""幕府还要听取朝廷的意见，看来这个国家最厉害的不是幕府，而是朝廷啊！"实际上，就在十几年之后，这种感觉变成了现实。幕府已经走向衰败。

因朝廷和诸大名都未见识过黑船，且又因锁国政策，对海外的事情了解甚少，商议无果而终。其实，当时帝国主义在欧美思想占据主流，为了增强国家实力，各国都在发展海军，出兵侵略亚洲各地，扩张海外殖民地。当时，西方国家认为种族歧视理所当然，所以，夺取并统治亚洲等有色人种的土地，不但无可厚非，甚至认为这是在给落后的野蛮人带去先进的文化和便利的技术，是造福于人的好事。

言归正传。朝廷和诸大名态度非常强硬，他们主张"决不能让讨厌的外国人进入日本。"这种态度是因为此前日本和外国几乎没有交流，所以理所当然地歧视外国人。当时在位的孝明天皇极度厌恶外国人，他认为，开国根本就是荒唐透顶。如果没有征求他的意见，只在事后告诉他"已经开国了，请不要责怪幕府的所作所为"，尚能接受，既然事先跟他商量，他必然反对。江户时代的天皇都像傀儡，没有政治发言权，但此后，孝明天皇重夺发言权，恢复了往日天皇的权威。

家庆去世后，他的第四子家定继承了将军之位。但家定体弱多病，根本无法担负将军的领导责任。

1854 年，佩里率领 7 艘战舰再次出现在横滨海域，比上次多了 3 艘战舰，充分表达了佩里"日本不开国誓不罢休"的决心。无奈之下，幕府只好和美国签订了《日美亲善条约》。

根据这个条约，日本开放下田（今静冈县的港口）和函馆（今北海道的港口，当时名为箱馆）两个港口，允许美国在日本进行燃料和食物补给。

由此，日本始于 1639 年、长达 215 年的锁国宣告结束。

不过，需要注意的是，此时日美之间尚未进行贸易，仅是允许美国在日本补给燃料和食物以及在规定的地方休整。之后，幕府和英国、俄国、荷兰也签订了类似的条约。

《日美修好通商条约》

1858 年，美国驻日本总领事哈里斯强烈要求与日本签订贸易条约。此时，时任幕府大老的井伊直弼力压以朝廷为首的诸多反对意见，与美国签订了《日美修好通商条约》。而该条约非常不合情理，开放了 5 个港口，分别是箱馆、新潟、神奈川、兵库、长崎，尤其是开放神奈川这一点值得重视。神奈川临近江户，令江户的居民非常缺乏安全感。而下田则被排除出开放港口的行列。这些尚能接受，真正的问题在于以下两点。

首先，条约中规定，日本承认美国拥有治外法权和领事裁判权。这两项权利本质上都属于不平等权利。例如，一个美国人在日本犯了罪，原本他必须在日本接受审判和惩罚，但是，承认了美国的治外法权后，日本无权对他进行审判，必须交由美国处理。聪明人一眼就能看出问题所在，既然交由美国审判，判决自然就会偏向美国人，受害人无法得到公平裁决，很多受害者及其遗属虽心有不甘却无可奈何。

其次，另一条更不平等的条款是，"日本没有关税自主权"，这一条款有什么问题呢？和外国贸易时，进口外国的便宜商品时要慎重。或许有人会觉得进口商品便宜更好，但且听我细细道来。

的确，从消费者的角度来说，同样的东西，越便宜越好。这很容易理解。但是，如果进口外国的便宜商品，问题就严重了，最终是消费者受损。因为进口过多便宜商品，会影响国内相关产业，导致国产商品逐渐停止生产和销售。也许有人认为，"以后就买更便宜的外国货不就行了吗？"事情并不是那么简单。之前因存在竞争对手，外国商品才会低价销售。如果日本国内产业崩溃，只能购买对方国家（比如美国）的商品，他们还会低价销售吗？一旦没有了竞争对手，商品价格马上就会上涨，最后吃亏的还是消费者。而且，一旦遇上灾害或战争等极端情况，国家就会陷入被动状态。

正因如此，任何一个国家在对外贸易时，都会对内保护本国产业。那么该如何保护呢？简单地说，就是对进口的外国货物征税，使进口商品的价格与本国商品持平。对进口商品征收的税金就是关税。而是否征税、征税对象和税率都是由进口国决定。

但是，根据《日美修好通商条约》中的条款，日本失去了关税自主权，关税的标准自然会有利于美国。这真的非常不平等。不仅如此，日本在和美国签订了这个条约后，又和英国、荷兰、法国、俄国签订了相同条件的不平等条约。这些条约总称为"安政五国条约"。

安政大狱

在没有得到朝廷许可的情况下，井伊直弼就与美国签订了《日美修好通商条约》，因此受到很多反对开国的大名和学者的谴责。对此，井伊直弼命令抓捕所有反对者，这就是历史上著名的安政大狱。在安政大狱中，吉田松阴、桥本左内等人被处死。

吉田松阴是长州藩的一名武士。当时，他在松下村塾教书，不分武士和町人，平等授课。特别是，他还讲授一些十分新奇的言论，都是关于国际形势和日本未来发展方向的见解。在他的学生中，出现了很多影响了整个日本近代的著名人物。如高杉晋作，他招募非武士出身的有志之士，组织了具有划时代意义的奇兵队，为长州藩的倒幕活动作出了杰出贡献（可惜他在倒幕后就过世了，没能出现在明治时期的舞台上。他辞世时说的最后一句话非常有名："让这无趣的世间变得有趣吧。"）；木户孝允（当时名为桂小五郎），为明治维新作出巨大贡献，被尊为维新三杰之一；还有伊藤博文，后来成为第一任内阁总理大臣。

桥本左内是福井藩的武士（即藩士），他赞成开国，因卷入将军继承人之争而被处决。

将军继承人之争

第十三代将军家定体弱多病，因此幕府必须尽早定下继任人选。将时间稍稍回溯到《日美修好通商条约》签订之前，家定没有孩子，所以下任将军将从御三家或御三卿中选出。候选人有纪州的庆福和出身水户藩、后来继承了一桥家的庆喜。结果，在井伊直弼的支持下，庆福成为第十四代将军家茂。而庆喜本人和支持他的大名则被井伊直弼下令处罚。

造成这一结果的很大原因在于，庆喜出身于水户藩。水户藩非常神奇，它是御三家之一，却支持天皇，真是不可思议。关于其原因，历来说法很多，下面这种说法比较有说服力。水户藩第二代藩主、著名的水户黄门编纂了史书《大日本史》，他认为，"虽然日本现在由德川家统治着，但是，日本原本是天皇统治的国家啊。"此后，水户藩作为御三家之一，是幕府的亲戚，但比起幕府，更支持朝廷的政策。因此，幕府官员对出身水户藩的庆喜极为警惕。

在决定了继承人后不久，家定就去世了。因为时间过于蹊跷，很多人认为他是被暗杀的。

樱田门外之变

安政大狱后，越来越多的人对井伊直弼的做法心存不满。1860年，井伊直弼在江户城樱田门附近遭到原水户藩士（当时，为了不给自己的藩带来麻烦，很多人先脱藩成为浪士，然后再采取行动）的暗杀。这就是樱田门外之变。

虽然井伊直弼在历史上扮演了一个反面角色，不怎么讨人喜欢，但在他出身的彦根藩（今滋贺县），他却被赞为明主，深受百姓欢迎。其实，他在担任彦根藩主时，政绩出色。而且，并不是一开始就能当藩主，三十多岁时还寄人篱下。后来他不但成为藩主，还成了幕府大老，在历史上留下重重的一笔，只能说人生瞬息万变。所以，无论年纪多大，也不能放弃自己。另外，还有一个与他有关的小故事。正如前面所说，他不怎么受人欢迎，但他说的一句话却非常受欢迎，那就是"一期一会"。这次相遇很可能是人生唯一的一次相遇，要怀着这样的心情去珍惜遇到的每一个人，这就是一期一会的精神。这句话来源于千利休的弟子山上宗二所的"一生一次的相会"，井伊直弼将之变得更加简洁易懂，很快流传开来。

开国的影响

因为签订了《日美修好通商条约》，日本开始与美国进行贸易，导致主要的出口物生丝和茶叶在国内供应极度缺乏。生丝就是蚕丝，可以用织机织成丝绸。领带、和服以及一些高级服装都要用丝绸。日本茶叶品质优良，在国外口碑很好。这些商品供应不足令人们对幕府更加不满。他们认为，"之所以出现这样的情况，都怪幕府开放了门户。"幕府逐渐陷入困境。

反对开国的尊王攘夷运动

此时，攘夷论在反对开国的人群中大为流行。攘夷即把外国人赶出日本。在这种思想的指导下，日本国内掀起了攘夷运动。同时，因对主张开国的幕府不满，很多人认为，"看来幕府还是不行啊，还得靠天皇。"这就是尊王论。两种思想结合在一起，称为"尊王攘夷论"，由此掀起了尊王攘夷运动。

幕府的公武合体论

针对尊王攘夷的趋势，幕府提出公武合体论，是指把"公"（即以天皇、朝廷为中心的贵族势力）和"武"（即幕府的武士势力）联合在一起。简而言之，就是试图借助朝廷的权威增强幕府的发言权。可能大家会觉得奇怪，"幕府和朝廷的关系不是不太好吗？"其实这时的孝明天皇是一位十足的佐幕派（依赖幕府的人），他以攘夷为首要目的，而攘夷只能依靠幕府，所以他支持幕府。而对幕府来说，实现公武合体就能让尊王派无话可说（因为公武合体后，批判幕府就等于批判朝廷）。因此，在赞成公武合体的大名和幕府的努力下，1861年，孝明天皇的妹妹和宫下嫁将军家茂为妻。但幕府末年，动荡已日趋激烈。

生麦事件与萨英战争

在这期间，发生了一件大事。萨摩藩是支持尊皇攘夷的大藩，藩主的父亲岛津久光率领藩兵上京，向孝明天皇提出了他的建议，随后，又前往江户向将军家茂和庆喜表达了自己的想法。就在他自江户回藩途中的横滨生麦，他受到了英国人的挑衅（其实只是英国人不肯向他低头致敬），萨摩藩士就杀了英国人，这就是生麦事件。

英国方面非常愤怒，为了报仇，他们派舰队前往鹿儿岛湾，炮轰岸上的城市，与萨摩藩进入交战状态，即萨英战争。

萨摩藩居然以一县之力对抗英国。想象一下足球赛中鹿儿岛队对抗英格兰队的情景。虽然在日本高中生足球赛中，鹿儿岛队实力很强，但遇上英格兰队，结果可想而知。这场战争以幕府支付赔偿金、萨摩藩向英国认错告终。此后，萨摩藩意识到"攘夷非常困难"（和英国交战后，萨摩藩发现己方完全不敌英国。什么事情都是试过才知道结果），于是放弃攘夷，将主要目标转向倒幕。

下关事件

同年，另一个热衷于攘夷的藩——长州藩也遇到了大事件。和萨摩藩不同，长州藩原本就以倒幕派为主流，不太信任幕府。他们在下关设置炮台，炮击途经海峡的外国船只。对此，美、英、法、荷四国非常愤怒，组成联合舰队，占领了下关炮台，这就是下关事件。长州藩比萨摩藩更厉害，以一县之力对抗欧美联合舰队。当然，最后被打得落花流水。在接受外国船只进入、撤去炮台等条件下，长州藩与四国签订了和约。长州藩在认识到"攘夷根本不可能成功"后，也全身心投入倒幕活动。

萨长同盟

此时，政治中心已从江户转移到京都。萨摩和长州等藩上京，试图拉拢与天皇关系较近的贵族。在幕府末期，比起大名，脱藩的藩士更加活跃。他们感受到了时代的洪流，脱离原藩，独自前往江户或京都，学习剑术，了解国际形势，为日本的黎明而奔走。这些人物中，最著名的是土佐藩（今高知县）的坂本龙马。

关于坂本龙马的故事不计其数，这些故事就留给因本书而对历史产生兴趣的各位读者自行了解吧。（不仅是他，幕府末期出现在历史舞台上的众多人物，都有着波澜壮阔的一生，特别是在明治维新前后离世的人物，很多都深具魅力。）这里只介绍一件事。坂本龙马认为，要开创新时代，萨摩藩和长州藩就必须抛弃前嫌，通力合作。当时，萨摩藩仍属于佐幕派，与倒幕派重镇长州藩关系恶劣。1863 年发生了 8 月 18 日政变，幕府联合萨摩藩将长州藩及支持长州藩的贵族赶出京都。紧接着又发生了禁门之变，萨摩藩、会津藩、桑名藩（今三重县）等佐幕派歼灭了试图夺回京都的长州藩。长州藩因禁门之变成"朝敌"（反对天皇的人），被迫接受屈辱条件与幕府和解，接受幕府军进驻长州藩，史称"第一次长州征伐"。当时，萨摩藩仍站在幕府一方，和长州水火不容。但是，在坂本龙马的极力劝说下，1866 年，萨摩藩的西乡隆盛和长州藩的木户孝允等人宣誓将在倒幕行动上相互合作，结成秘密同盟（当然幕府毫不知情，依然倚靠萨摩藩），这就是萨长同盟。

庆喜就任末代将军

在这样严峻的形势下，1866 年德川庆喜就任幕府第十五代将军。他备受尊王攘夷派的期待，不但出身于尊王攘夷的重镇水户藩，而且年轻时就是公认的文武双全。"要是一桥公（即庆喜）能成为将军就好了。"这句话道出了众人的心声。但为时已晚，大厦将倾，独木难支，时代潮流已经完全倒向了倒幕，不是庆喜一人能力挽狂澜的事情。庆喜也已意识到光靠自己不可能完成攘夷。他的一生非常不可思议，之前还被幕府禁闭处罚，如今明明没有提出个人主张，却被攘夷派视为偶像和领袖；身为将军，却是彻底的尊王派；每当遇上什么事，总令热情支持他的人失望。他一直活到明治维新之后，大正年间才去世，享年 77 岁。

大政奉还

话题再转回来。1866 年，长州藩再次出现不稳定的情况，于是，幕府又派遣军队进行第二次长州征伐。此时，将军还是家茂，而之前已与长州藩秘密结成萨长同盟的萨摩藩没有参与这次行动。当时，长州藩通过萨摩藩获得了英国的支援，幕府军队无法取胜，再加上将军家茂突然死亡，第二次长州征伐最后不了了之。幕府面对长州一藩都无计可施，威信扫地。之后，虽然庆喜就任将军，但大势已去。而且，佐幕派的孝明天皇也在此时突然去世。有人认为他是被萨长同盟所杀。对于想在倒幕后建立以天皇为中心的国家的这两藩来说，佐幕派孝明天皇妨碍他们的计划。虽然不知历史真相如何，但也不能排除这种可能性。

于是，1867 年，江户幕府第十五代将军德川庆喜在土佐藩主山内容堂（又名丰信）的建议下（有人说是坂本龙马的建议），决定结束幕府，还政于天皇，史称"大政奉还"。至此，统治日本长达 264 年的江户幕府宣告结束。庆喜主动还政于天皇，既是想避免内战，也是想防止外国势力介入。（当时萨长得到英国的支持，而幕府得到法国的支持。如果幕府和萨长全面开战，这两国就会介入，日本很可能会沦为他国的殖民地。事实上，有很多国家就是这样沦为欧美列强的殖民地。）据说，坂本龙马听到大政奉还后，说道："庆喜真令我刮目相看。为了日本，他真是下了很大的决心啊。为了庆喜，我赴汤蹈火在所不辞。"

庆喜原本是日本的最高掌权者，但在一夜之间成为普通人（事实上连普通人都做不成）。

年表 从佩里来航到大政奉还

1853 年 6 月	佩里来航（用黑船迫使日本开国）。
1854 年 3 月	《日美亲善条约》（下田和箱馆开港，锁国时代结束。）
1858 年 6 月	《日美修好通商条约》（井伊直弼认可日本放弃治外法权和关税自主权。） 对此很多人反对开国。 随后，井伊直弼镇压了反对开国的人，即安政大狱。
1860 年 3 月	井伊直弼在樱田门外遭到了反对开国派（攘夷派）的暗杀。 攘夷派与希望天皇亲政的尊王派联合，尊王攘夷运动轰轰烈烈地展开。 幕府提出公武合体论（将幕府和天皇视为一体）。
1861 年 11 月	在公武合体论的影响下，孝明天皇之妹下嫁家茂将军。
1862 年 8 月	生麦事件（萨摩藩士杀死了英国人）。
1863 年 5 月	下关事件（长州藩炮轰外国船只。其后外国军队应战。翌年 8 月再次遭到攻击的长州藩与外国签订了停战协议）。
7 月	萨英战争（因生麦事件，萨摩藩与英国发生战争。萨摩藩由此认识到英国的强大）。
8 月	8 月 18 日政变（萨摩和会津藩驱赶朝廷内的尊王攘夷派）。
1864 年 7 月	禁门之变（长州藩和萨摩、会津藩发生冲突。长州藩战败）。
7 月～11 月	第一次长州征伐，长州藩投降。
之后萨摩藩的方针发生很大的改变	
1866 年 1 月	在坂本龙马的努力下，萨摩和长州结成秘密同盟。
6 月～8 月	第二次长州征伐（幕府军战败）。
12 月	德川庆喜就任第十五代将军。
1867 年 10 月	庆喜向朝廷交还政权（大政奉还）。

第九章　明治时代

〔近代日本的黎明〕

以幕府末期为背景的历史剧《鞍马天狗》中有一句台词，"日本的黎明即将来临。"

是的，虽说日本锁国后大致保持了国内的太平气象，但却远远落后于世界发展潮流。和当时已实现中央集权，发展到帝国主义阶段，并在海外拥有众多殖民地的欧美列强相比，可谓是井底之蛙。

之后日本快速推进中央集权进程，修改了原先与列强签订的不平等条约，创造了世界史上绝无仅有的速成奇迹，令欧美各国震惊。而这些奇迹的背后，正是那些为了国家的未来激扬文字、抛洒热血，致力于改革的英雄男儿们。

明治政府的方针和构成

江户幕府结束后，日本组成了以天皇为中心的新政府，开始实施新政。

实施新政首先必须做什么？事实上，当时先是将原有系统和制度破坏殆尽。就像盖房子一样，在保持原有房子的基础上，重建一个新房非常困难。

明治政府的官员也是这个想法，于是将旧的东西彻底破坏。

这里需要注意的是，虽然明治政府以天皇为中心，但只是表面形式。实际上真正掌权的是出身萨摩、长州等藩，在倒幕过程中立下功劳的人。明治天皇在孝明天皇之后继位，此时还是个孩子，相当于现在的初中生。父亲孝明天皇刚刚过世，年幼的新天皇此时没有能力去推行新政。因此，主要由著名的西乡隆盛和大久保利通等人处理政事。

下面简单了解一下新政府的组成人员。

首先，居于最高位的是明治天皇。所有命令都是以明治天皇的名义发布。但是，明治天皇只是名义上的最高领导人，并未实际参政。这一点与藤原氏的摄关政治、白河上皇的院政以及北条氏的执权政治的实质相同。

明治天皇身边还有近臣（服侍天皇左右的人），如贵族岩仓具视等人。岩仓具视原本是身份低微的贵族（岩仓一姓在之前的历史上从未出现过），但他和萨长联手成功推翻幕府，因此迅速得势。另外还有三条实美以及其他出身萨长、出谋划策、武力镇压反对势力的政治家。出身萨摩的人中最著名的是大久保利通、西乡隆盛，而出身长州的人中有木户孝允和伊藤博文。

此外，还有和萨长一样在倒幕过程中立下大功的土佐藩的板垣退助、后藤象二郎和肥前藩的大隈重信等。

萨、长、土、肥，四藩在倒幕和明治维新中起了中流砥柱的作用。

同时，西乡隆盛、大久保利通、木户孝允被称为"明治维新三杰"，意为促成明治维新的 3 位英雄。

"王政复古大号令"和戊辰战争

明治政府首先发布宣言，宣告武士执政时代已经终结，接下来将重新由天皇掌权，这就是"王政复古大号令"。从这个号令的名称就可以看出它的主要意思，"王"即天皇，"政"即政治，政治将"复古"，即恢复到从前的状态。这是非常高调的宣言。

虽然幕府在大政奉还后结束，但当时德川家仍是日本最大的地主和财主。这可以理解，德川家并不是在战争中战败，而是通过大政奉还辞职的，所以他们的财产和以前一样，并没有减少。虽然德川庆喜和幕府重臣们失去了原先的身份和地位，但依然都活着。这对于新政府来说是很大的威胁。可以想象一下当时的情况，新政府推行了很多新政策，但是，有日本最大的财主和地主在身边，很多事情都不能顺利推进。用一个更加赤裸裸的比喻，以德川家为中心的幕府遗臣就像是新政府的眼中钉、肉中刺。

因此，明治政府十分巧妙地挑衅他们，结果引发旧幕府军和新政府军之间的战争，称为"戊辰战争"。所以，戊辰战争是一场将日本划分为两大阵营的内乱，是一场日本人的内战。

旧幕府军的首领当然是末代将军德川庆喜，但他本人似乎对这场战争不怎么感兴趣。出身于尊王攘夷重镇水户藩、最后却成为幕府将军的德川庆喜，心情想必十分复杂。事实上，在戊辰战争中，他就说过新政府的首领是天皇，他不想违逆天皇参加这场战争。虽然他在家臣的劝说下无奈来到大阪城，但经常在夜里偷跑出去，行为非常怪异。可见他非常不愿意反对天皇，或者说非常不愿意被逼反对天皇。这么一想，当初他能够如此轻易地还政天皇也很容易理解了。

戊辰战争始于一场在京都的战役——鸟羽·伏见之战。在这场战役中，新政府军队使用了一种非常厉害的武器。大家猜猜是什么？当时还没有坦克和飞机呢。而这种非常厉害的武器就是锦旗。锦旗主要用来表明哪些军队是遵循天皇之命、为天皇而战。虽然天皇自己并未参加战争，但是，对于当时的日本人来说，与天皇为敌是一件非常于心不安的事情。所以很多旧幕府军的武士看到这面旗帜，就失去了战斗的勇气。

旧幕府军在鸟羽·伏见之战后向东败逃。因为东面是他们的大本营江户。另一方面，新政府军高插锦旗，以天皇军队（也称为官军）的身份，气势汹汹地朝江户逼近。这样发展下去，旧幕府军和新政府军将在江户决战。

但是，两位英雄的出现阻止了事态继续恶化。

这两位英雄分别是西乡隆盛和原幕府的军舰奉行（相当于今天海上自卫队的最高领导人）胜海舟。胜海舟也是一位非常了不起的人物。据说，有一次坂本龙马要刺杀他，结果却被胜海舟折服，不仅放弃了暗杀行动，还成为他的弟子。胜海舟就是这样一个聪明又有魅力的人。

167

比起幕府和天皇，胜海舟更担心的是，如果日本继续分成两派内战，国力会削弱，列强可能趁机将日本变成殖民地。在这个时代，几乎还没有人有这样国际化的眼光，所以说他十分厉害。胜海舟试图避免江户沦为战场（江户在当时的世界上是屈指可数的大都市）。战争不仅会使众多战士相互伤害，还会让江户被战火焚毁，居住在江户的百万人口将无家可归。但是，强硬派的西乡隆盛认为，幕府势力继续残存，将会严重阻碍新政府的改革，为了今后的新政府，必须将幕府残余势力全部消灭。他赞成革命必须流血。如此固执的西乡隆盛自然不能用一般的方法说服他。想必当时胜海舟是用尽浑身解数才说服了西乡隆盛。于是出现了日本历史上，甚至在世界史上都值得大书特书的"江户和平开城"。政府军进驻江户，接掌江户城。当然，旧幕府军中仍有一些人不肯善罢甘休，他们离开江户，朝东北退去。

东北的会津藩站在幕府一方，与萨长战斗到了最后。在幕府末期，再没有别的藩比会津藩更具悲剧色彩了。会津藩由大名松平统治，虽然与德川家族有亲戚关系，但并没有为幕府粉身碎骨的义务。但是，在幕府末年，为了打击尊王攘夷的倒幕派武士及贵族，藩主松平容保担任了京都守护一职。虽然松平容保多次婉拒，表示"这个责任对我来说太沉重"。但在越前藩主松平春岳等人的极力劝说下，最终他勉强接受了这一职位。历史上著名的新选组（即"新撰组"，日语中选与撰同音）和京都见回组都曾受他支配。新选组和京都见回组策划了一系列暗杀事件，如池田屋事件（新选组杀害很多志士的著名事件，经常在戏剧中上演）等，在京都杀害了很多倒幕派志士，因此遭到倒幕派的极度仇恨。据说，松平容保决定担任京都守护一职时，藩里的重臣就叹息，"看来我们这个藩要走向灭亡了。"事实也确实如此。

在会津藩和新政府军的会津若松之战中，白虎队的故事非常著

戊辰战争和新政府军平定全国

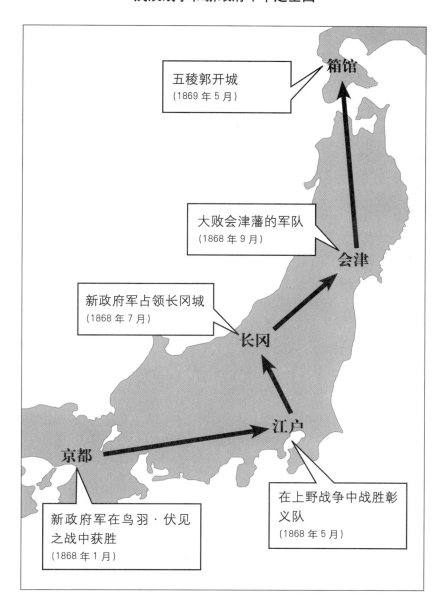

五稜郭开城
(1869 年 5 月)

箱馆

大败会津藩的军队
(1868 年 9 月)

会津

新政府军占领长冈城
(1868 年 7 月)

长冈

京都

江户

在上野战争中战胜彰义队
(1868 年 5 月)

新政府军在鸟羽·伏见之战中获胜
(1868 年 1 月)

名。白虎队由 15~17 岁的少年组成，隶属会津藩，明知取胜无望，却仍在前线浴血奋战。在退至饭森山眺望战斗情形时，发现整个城市已被大火包围。其实此时会津若松的鹤城还没有被烧毁，但白虎队的少年们误以为城池已破，万念俱灰，互刺自杀身亡。这就是白虎队的悲剧。

旧幕府军与新政府军的决战把虾夷地的北海道也卷了进来。决战地点在箱馆。新选组副长土方岁三和幕府海军副总裁榎本武扬据守五稜郭。他们在该地建立了政权，后世称为虾夷共和国，但仅存在 4 个月就败给了新政府军，最后献城投降。至此，戊辰战争结束，明治政府开始真正执掌政权。

《五条誓文》

明治政府将今后的施政方针以明治天皇向祖先宣誓的形式发布，这就是《五条誓文》。其内容如下：

"广兴会议，万机决于公论"，无论什么事情都要召开会议听从各方意见后再作决定；

"上下一心，盛行经纶"，无论身份高低，大家都要齐心协力，为建设国家而努力；

"文武以至庶民各遂其志，俾人心不怠"，要建设一个官员、武士、町人都各得其所的国家，不可使民众对国家生厌；

"破旧习，基于天地公道"，不固守旧习，要按照天地自然的原理推行政治；

"求知识于世界，大力振兴皇基"，向世界学习知识，努力使天皇统治下的国家更加繁荣昌盛。

内容大致如上，充满了对新国家的期待。同时，政府还发布了《五榜禁令》（又称《五道告示牌》）。其中包括禁止起义、禁止信仰基督教等条款。无法想象这同样是由发表了充满理想的《五条誓文》的政府发布的。这些内容和幕府时期的政策没什么区别。

富国强兵

明治政府提出了富国强兵的口号。为了使国家富裕，兵力提高，国力增强，以赶超欧美列强，明治政府制定了殖产兴业这一积极的产业振兴方针。按照这个政策，1872 年，政府开办了国营模范工厂，如在群马县设立富冈制丝厂。以富冈制丝厂为主的国营工厂主要生产出口美国的产品——生丝。20 世纪初，日本生丝的生产和出口已是世界第一。但在这背后，制丝厂女工的工作条件却非常恶劣。她们工资极低，每天的工作时间却将近 15 个小时，而且不得回家，必须住在工厂，但工厂宿舍和被褥都不卫生，饮食也十分粗糙。女工大多来自贫穷农家，已由父母支走工资或定金，无法逃跑。现在很多小说和电影都反映了她们的悲惨境遇。

奉还版籍

通过戊辰战争，明治政府成功地消灭了旧幕府和德川家的残余势力。那么在江户时代权势煊赫的人是否就消失了呢？事实上还是有的。那么，在戊辰战争结束后，还会有哪些江户时代的权势人物呢？比如，像萨长土肥等藩的藩主。

在江户时代，各藩的法律、财政均独立，完全实行地方分权。各藩之间经常出现纷争，幕末时期各藩藩士之间还经常开战。萨摩和长州最开始的关系也非常恶劣。

明治政府的目标是要恢复到昔日以天皇为中心的政治形态。这个"昔日"究竟是指多久之前呢？其实是指从大化改新的奈良时代到平安初期。简单来说，就是以中央集权为目标。中央集权是指，在东京或京都建立政府，国家权力都集中于政府，包括法律、税收在内的所有制度都由国家的中央政府制定并实施。现在的日本实行的就是中央集权制。（到江户时代为止，日本的首都是京都，而最大的城市是江户。虽然现在的首都和最大的城市都是东京，但历史上日本从未正式建都东京[①]。）

相对地，还有地方分权制。这是指国家的中央政府只负责军事、外交等必须在国家层面上做的事情，其他都交由都道府县等地方，由各地自行决定。例如，现在美国实行的就是这种制度。美国之所以称为"合众国"，就是因为它是由各州联合组成。各州的税收、法律、刑罚都不同。因此，在有的州 18 岁就能饮酒，但在其他州则必须等到 20 岁才行。各州的法定婚龄也不同。不仅如此，除美国国家军队外，各州还各自拥有军队。这就是地方分权，即各"地"的"权力"都"分"开。

江户时代，日本执行的就是地方分权制。

当时的日本没有州，但设有藩，各藩都拥有各自的藩主、家臣、法律和军队，并独立决定各自的地租税收，这是完整的地方分权制。而明治政府想把这些权力全部收归东京政府，实行中央集权。原因有很多，当然，很重要的一个原因是政府官员的权力欲，不过，并不完

---

①当时为避免反对，采取的是天皇东幸的方式实现奠都东京，1868 年 7 月，江户改名东京，随后，天皇两次东幸东京后再没返回京都，实际上实现了奠都东京。——编者注

全是出于私欲，而是认真考虑了这个时代整个日本的情况后，认为需要实行中央集权。这是为什么呢？接下来将详细说明。

原来日本还处于锁国状态。在这种状态下，完全可以实行地方分权。但此时日本已经开国，开始与外国交往。说到国家间的交往，我们往往有和平的印象，然而，这个时代与外国交往并不容易。只要想想日本开国的缘由就能明白。日本是在美国黑船的武力威胁下被迫开国，还与各国签订了不平等条约。

不过，与其他国家相比，日本还算幸运，领土并没有被列强侵占，而其他国家几乎都沦为殖民地，被列强统治。在近代的亚洲国家中，只有日本和泰国没有沦为欧美列强的殖民地。印度是英国的殖民地（现在印度人还说英语）；菲律宾是美国的殖民地（现在当地的通用语除了菲律宾语还有英语，而且有很多人信基督教）；越南是法国的殖民地（后来为了摆脱法国的统治发动了越南战争）；中国虽然没有成为某个国家的殖民地，但很多领土都被租借给列强。当然，这种情况不仅限于亚洲，非洲也是如此。

那么，在这种情况下实行地方分权会怎么样？各地法律、税收各不相同，军队各为其主，有时还会发生内战。根本不可能与外国相抗衡，无法保卫国家。所以这个时代的许多国家都试图加强中央集权。明治政府以中央集权为目标，就可以理解了。

另外，同日本一样，德国和意大利在建立中央集权方面起步较晚。国内各地都有各自的领主或诸侯（相当于日本的大名），地区之间也会发生争斗。所以，他们无法像英国和法国那样向海外扩张。后来这两个国家也迈出了国门，在一战和二战中，明知不利，却仍将英法视为敌人（确切地说，意大利在一战中最后背叛了同盟国，加入了英法一方）。这两个国家的职业足球联赛水平很高，或许就是因为残存着城市之间的战争余韵吧。

言归正传。直到江户时代为止，日本一直实行地方分权。为了避免沦为列强的殖民地，就必须实现彻底的中央集权，消除支撑地方分权制的藩。但是，且不说戊辰战争中站在德川幕府一方的藩，连非德川幕府一方的藩都一直存在。

这并不是明治政府希望看到的情况，于是开始考虑撤藩。

不过，明治政府虽有此心，却不能贸然行事。如果贸然撤藩，那些依然保有强大实力的大名将会群起反抗。明治政府实行了奉还版籍的方法，即政府任命各藩藩主为各藩知事，藩主（大名）将所持土地和户籍（人口）交还给天皇。虽然大名都不情愿，但还是在 1869 年实现了奉还版籍。

废藩置县

1871 年，明治政府不再满足于奉还版籍，想要进一步撤藩。并且准备在撤藩后设立府和县，由明治政府直接任命和派遣自己中意的人担任府知事和县令，这就是废藩置县。正如其字面意思所示，就是要废止藩，设置县。此时，曾经的大名（特别是曾在倒幕过程中立下功劳的大名）才终于意识到，"事情似乎不对头啊！"他们好不容易推翻了幕府，结果却失去了除身份外的所有东西，但为时已晚。废藩置县政策具有划时代的意义。由此，始于战国时代且实质上一直延续的地方分权制终于结束，取而代之的是中央集权时代的开始。

通过废藩置县，日本已完全实现了中央集权。这是一件大事，成为日后日本与欧美列强比肩的契机。

以中央集权为目标

明治政府以中央集权为目标

但是， 江户幕府实行的是各藩自治的地方分权制度。虽然幕府已经消亡，但像萨摩、长州这些藩依然存在。

因此，

 各藩大名将土地和人口还给天皇。

但是， 各藩藩主在自己藩内依然实行自治。

因此，

 取消藩主，由中央政府向各府县派遣府知事和县令。

中央集权

由国家的中央政府实行政治，制定所有制度。

地方分权

除军事、外交外，各个地方各为其政，实行自治。

遣欧使节团

废藩置县后，在大隈重信（曾建立早稻田大学的前身——东京专门学校）的提议下，明治政府派遣大型使团，在岩仓具视（旧版500日元纸币上的头像人物，是明治维新的核心人物之一）的带领下，实地考察欧美的先进文化。这个使团被称为"遣欧使节团"。使团先到了美国，接着又访问了英、法、德、俄等国。当时的美国已经有电梯了，这让使团成员大开眼界。也许他们中的一些人会擦着冷汗暗中庆幸："幸亏对这些国家的攘夷行动没有持续到底。"使团成员还惊叹英国工业革命的成果，推进殖产兴业的决心更加坚定。使团在离开日本两年后回国。但是，此时留在国内的西乡隆盛和板垣退助等人与他们出现了意见分歧。这种分歧导致了悲剧，但讽刺的是，正是这种分歧进一步推动了日本的近代化，这一点在后文将再作说明。

《学制》

明治政府成功实现中央集权后，接下来考虑的是如何提高国民的教育水平。国民愚昧，国家就不可能战胜外国。发展经济、增强国家经济实力需要依靠国民教育水平的提高。更重要的是，如果国民连算术都不会，更不可能学习使用大炮了。

"斜向上45度，发射！"

"队长……"

"什么事？"

"45度是要抬高多少啊？"

如果是这样，早被敌人打得落花流水了。

想象这样的场景：

"三点之前要前进到E地点！"

"队长，我们不会看地图。"

如果是这样，也很麻烦吧。

因此，必须提高国民的教育水平，不仅是出于和平的需要，更是为了军事目的。日本的校服中，最正式的是男生为学生装，女生为海军服。其实这是受军队的影响。男生的校服是陆军制服，而女生则是海军水手服。身处和平年代的我们可能会觉得无法想象，但在那个时代，军事优先于一切。悲哀的是，这是当时全世界的共识。

为了提高国民教育水平，明治政府于1872年颁布了《学制》。

《学制》就是指学校制度。自此，6岁以上的男孩和女孩都必须上小学，接受义务教育。但是，当时很多家庭家境贫困，孩子也是家里重要的劳动力，因此有很多父母强烈反对，阻止孩子去学校上学。从一点里就能感受到时代的进步。

地租改革

随后，明治政府致力于财政改革，确保政府收入。没有钱，什么事都办不成，无法购买武器，也无法生产商品并通过贸易赚钱，当然也没钱支付政府官员的薪水。而对于国家来说，提高收入最快的方法就是收税。

此前，日本采用的是征收大米作为地租的方法。而明治政府将征收大米改成了征收现金。因为征收大米受天气影响，大米的收获量有多有少。这样无法预测税收收入，国家难以有计划地运行。而且，征收大米虽然在保存上没有什么问题，但必须换成现金才能使用，而售价则会受到价格波动的影响，非常不便。因此，明治政府将税收由上缴大米改为交纳现金，并且规定土地所有人有义务纳税，由国家衡量土地的价值，土地所有人每年必须按照地价3%的金额纳税。这就是地租改革。

预想到这项政策将会遭到土地所有人的强烈反对（因为他们每年都必须缴纳税金），政府向他们发放了地券。这是一种类似于政府保证土地所有人所有权的证明。反过来说，如果没有地券，土地就会面临被他人占用的危险。这些措施引发了反对的起义，后来税率下调到2.5%。

《征兵令》

地租改革政策令国家财政终于稳定下来。随后，政府开始整顿军队。首先，必须确保军队人数。明治政府颁布了《征兵令》，规定凡是年满 20 周岁的男子都有义务服兵役。无论是不是反对战争，是不是和平主义者，是不是有其他事情要做，都必须服兵役，因为这是义务。不过，最初还是遇到了诸多抵抗，因此又规定了很多免除条例。后来，1889 年宪法规定了兵役义务。

总之，1873 年发布了《征兵令》，当时很多人不得不告别亲人、恋人和朋友去参加战争，想必都非常悲伤。

文明开化

在政府的指导下，日本不断推进近代化，积极吸收欧美文化，人们的生活也日益西方化，称为"文明开化"。

"敲一敲梳了发髻的头，响起了因循守旧的声音。敲一敲剪了发的脑壳，响起了文明开化的声音。"

这是当时非常流行的一首歌。穿西服的人出现了，吃牛肉的人也出现了。用砖瓦建造的现代西式建筑也出现了，里面安装了煤油灯和煤气灯。1872 年，新桥到横滨的日本最早的铁路开通了。太阳历开始取代阴历，一周 7 天，周日为休息日。此外，在前岛密的努力下，日本建立了邮政制度。

确定领土

明治政府将虾夷地改名为北海道，并设置了北海道开拓使。同时，从东北的士族中招募屯田兵，由他们负责北海道的开拓和国防。这些措施虽然推进了北海道的开发，却令原住民阿伊努人的生活备受压迫。

明治政府确定了与俄国的国境线，于1875年签订了《库页岛千岛交换条约》，规定自此库页岛为俄国的领土，而千岛群岛则属于日本。

此时，琉球处于清朝的统治之下。虽然明治政府在1872年设置了琉球藩，但没有得到清朝的承认。1871年，琉球宫古岛岛民漂流到台湾，被台湾原住民杀害。日本以此为借口，1874年向台湾出兵，在跟清政府交涉后，迫使清政府默认了琉球归属日本，并向日本支付赔款。1879年，日本向琉球派遣了军队，不顾岛民反对设置了冲绳县，琉球王国就此灭亡。这一事件在历史上被称为"琉球处分"。

征韩论与板垣退助和西乡隆盛

此时，留守国内、并未出国考察的明治政府官员面临一个重大问题，即如何处理朝鲜。当时，日本与朝鲜处于断交状态，虽然日本已多次呼吁朝鲜与本国重建外交，但都遭到拒绝。出人意料的是，明治政府的官员中，对朝鲜的这种反应最愤怒的竟然是出身土佐藩的板垣退助。

据说，当时板垣还说了一些过激的话，认为日本可以仿照美国曾经的做法，用武力迫使朝鲜开国。对此，之前一直被视为强硬派代表人物的西乡隆盛却提出了在当时看来相当稳健的提议，认为应当先与朝鲜进行和平谈判，如果不行，再出兵。这与他给人的印象完全不同。板垣等人主张的以武力压制朝鲜的方针称为"征韩论"。此事事关重大，因此，同为留守国内官员的三条实美提议，等遣欧使节团回国后再作决定。遣欧使节团回国后，了解了相关情况，一致认为征韩不可行。他们在欧美看到了远比日本先进的文明，冷静地作出判断，认为如果当下日本向外派兵，欧美绝不会坐视不理。但板垣和西乡却对此非常不满。可能是因为他们没有实地了解西方各国的情况，对于凭借自己的努力将日本推上近代化道路这一点颇为自负。于是，明治政府分为两派，原先留守国内的西乡隆盛和板垣退助离开了政府。

　　离开政府后，板垣退助决定和政府开战。西乡隆盛也做了这个决定，但两人的做法截然相反。板垣向政府提交了意见书《民选议院设立建议书》，指出当前政府是在实行由倒幕功臣组成的藩阀政治，应当由国民正式选举产生代表，组成国会以掌握权力。的确，藩阀政治不但违背了《五条誓文》的内容，还会使欧美国家视日本为后进国，认为日本没有民主。板垣戳到了政府的痛处。随后板垣等人掀起了自由民权运动，要求政府开设国会。之后又在故乡土佐创立了政治团体"立志社"，积极开展言论活动。

　　西乡隆盛则回到了故乡鹿儿岛。英雄西乡隆盛的归来，令当地旧萨摩藩的士族们欣喜异常。废藩置县、《征兵令》等政策的实施，让原本为武士的士族们大为不满。但是，西乡隆盛并没有立刻发动叛乱。即使是同样离开了明治政府的江藤新平在佐贺发起叛乱（佐贺之乱），他也没有参与。（佐贺之乱被大久保利通等人镇压，江藤逃到西乡隆盛处请求庇护，被西乡隆盛拒绝，最后江藤被处死。）西乡隆盛

士族（武士）的不满

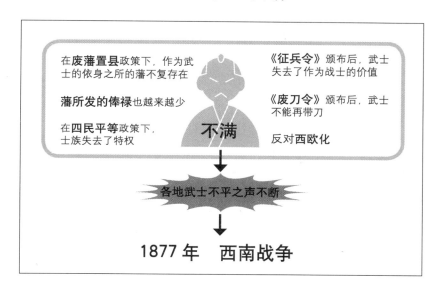

在**废藩置县**政策下，作为武士的依身之所的藩不复存在

藩所发的俸禄也越来越少

在**四民平等**政策下，士族失去了特权

不满

《**征兵令**》颁布后，武士失去了作为战士的价值

《**废刀令**》颁布后，武士不能再带刀

反对**西欧化**

各地武士不平之声不断

1877 年　西南战争

在鹿儿岛建立了学校，教育年轻人。当时发生了多次士族叛乱，他都没有参与（如神风连之乱、秋月之乱、萩之乱等）。终于，西乡隆盛愤然起兵的日子到来了。

亨情发生在 1877 年。其实此次起兵并非出于他的本意。最初是崇拜西乡隆盛的鹿儿岛士族们袭击了政府的武器库。万般无奈之下，他明知会失败，仍为了崇拜他的人起兵，这就是西南战争。萨摩藩的精锐部队在幕末时期号称天下无敌，这次却败给了政府军，尽管政府军都是一些在《征兵令》召集起来的非专业士兵。但在这个时代，靠剑术已无法独步天下了。这场战争几乎席卷了整个九州，历时 8 个月，最终以西乡隆盛的自杀告终。倒幕重镇萨摩藩竟然成了叛逆，实在是出乎所有人的意料。

但是，幕府中仍有很多出身萨摩藩的官员，以大久保利通为首，对政府的影响力依旧不可小觑。

1877 年的西南战争可以说是老朋友之间的相互残杀，让人痛心。看到这个情景，西乡隆盛想必也是泪水涟涟。

那么，导致板垣退助和西乡隆盛离开政府的征韩问题最后如何决策？讽刺的是，在他们离开政府后，这个问题正是按照他们的提议解决的。

1875 年，日本海军舰队在朝鲜江华岛附近遭到了炮击。日本为了报复，占领了江华岛，并在第二年签订了有利于日本的《江华条约》，武力迫使统治朝鲜的李氏王朝开国（真不知道板垣和西乡听到这些消息会是什么反应）。

自由民权运动高涨与开设国会

再回到板垣身上。1875 年，板垣在大阪建立了全国性的组织"爱国社"，这个组织曾经解散，但 1880 年发展成为"国会期成同盟"。他们征集了八万多人的签名，要求政府开设国会，制定宪法。

就在此时，发生了北海道开拓使官有物转让事件。就是把北海道拓使通过税金购买的工厂和设施以几乎白送的方式转让给一部分官僚（上级官员）和商人。简单地说，就是把国有资产以超低价格转让给一部分人（当然，不可能是把想要购买的人聚集在一起，通过抽签来决定）。这真是非常过分。

这件事情发生得正是时候，政府再也无法漠视国会期成同盟的请求。于是，1881 年，明治天皇发布了开设国会的诏书，承诺政府将在 10 年之后开设国会。

得到这个回复后，板垣开始致力于建立政党，为开设国会作准备，由此组建了自由党。自由党受法国的影响，有点激进（当时的法国是没有国王和皇帝的共和制国家。在以天皇为中心的日本看来，法国的一些制度过于激进）。而大隈重信则学习英国，建立了更稳健的立宪改进党（英国实行的是国王统治下的议会政治，也就是君主立宪制，比较符合日本的政治状况）。其中，板垣的自由党不仅受到知识分子的拥护，在各地的贫困农民中也大受欢迎。但是由于太激进，引发了福岛事件（1882 年，福岛县知事三岛通庸与自由党党员发生冲突）和秩父事件（1884 年，秩父地方的数千名农民和自由党联合发动的暴乱），遭到了政府镇压，自由党一度解散。看来在日本，过于激进的改革并不能带来好的结果。

制定宪法的准备工作

为了制定宪法，政府派伊藤博文前往欧洲调查各国的宪法。最后，伊藤博文认为，强调国王权力（君主权）的德国宪法最适合以天皇为中心的日本借鉴。而且，当时的德国在 10 年之前还处于与日本战国时代相似的状态，国家四分五裂，直到普鲁士宰相俾斯麦统一。所以，在教科书中经常把此时的德国称为普鲁士。

内阁制

在制定宪法、开设国会之前，明治政府先设立了内阁制，伊藤博文成为日本首任内阁总理大臣（即首相）。内阁是一个政治核心机构，由数名大臣（即部长）组成。此时的内阁以内阁总理大臣为中心，分别由掌管外交的外务大臣、综合处理国内事务的内务大臣、负责财政经济的大藏大臣、负责法律刑事的司法大臣、负责教育文化的文部大臣、负责农业商业的农商务大臣、负责邮政通信的递信大臣，以及陆军大臣、海军大臣组成。

此外，还任命了负责天皇和皇室事务的宫内大臣（宫内大臣不参加内阁）。日本近代内阁制度确立，但是，其中萨长两藩出身的人依旧众多，没有改变藩阀政府的根本格局。

《大日本帝国宪法》

1889 年，亚洲最早的近代宪法——《大日本帝国宪法》颁布（土耳其的《米德哈特宪法》早于《大日本帝国宪法》，但在现代国际政治中，土耳其更多是被视为欧洲国家）。

这部宪法以天皇赐予国民的形式颁布。国王确定后再赐予国民的宪法称为"钦定宪法"。宪法规定，日本在天皇的领导下，实施依宪法统治国家的君主立宪制，国家各项事务的最终决定权在天皇。同时，该宪法还赋予天皇统帅权，即天皇有权力调动陆军、海军（在旧日本军队中没有空军）。国民称为臣民，是天皇子民。同时，承认国民在"法律允许的范围内"，拥有一定程度的自由和权利（反过来说，就是可能会制定限制国民自由和权利的法律）。

从今天的角度来看，这部宪法还存在很多缺陷，而且后来的战争也令这部宪法一直给人不好的印象。但是，在当时的时代背景下，不得不说，这部宪法相当民主，起了很大的作用。

下面介绍一下其中最著名的两个条文。

"第一条 大日本帝国，由万世一系之天皇统治。"

大日本帝国自古以来就是由建立了日本的神的后裔——天皇统治的国家。

"第三条 天皇神圣不可侵犯。"

天皇是现人神（存在于当今世上，以人的姿态出现的神），高贵圣洁，不容侮辱。

从这些条文就可以看出对天皇的维护以及天皇的权力之大。当然，其中也有大臣们利用天皇的权威达到个人政治目的的企图。

第一次众议院议员选举和帝国议会

在宪法制定后第二年，明治政府根据宪法的规定，举行了首次众议院议员选举。

此时，国会实行两院制，分别是由国民选举的议员组成的众议院，以及从贵族中任命的贵族院。对于日本来说，通过选举选出国会议员是划时代的重大事件。但是，此时拥有选举权的只是"交纳直接税 15 日元以上，年满 25 周岁的男子"，能够投票的人数只占全部人口的 1.24%。可见，当时的 15 日元是多么大的金额。如今的日本，年满 20 周岁的公民都拥有选举权，但 1890 年，只有 25 周岁以上的男子才拥有这项权利，女性没有选举权。

同年，根据选举结果，召开了第一次帝国议会。几经周折，日本总算向近代国家迈进。

修改条约

日本制定了宪法，开设了国会，已具备了近代国家的雏形，于是开始着手于修改江户时代幕府与外国签订的不平等条约。受"诺曼顿号事件"的影响，民间对于修改条约的呼声也很高。

1886 年，日本乘客搭乘的英国商船"诺曼顿号"沉没，英国船长搭救了所有英国乘客，对日本乘客却见死不救。而且，因为领事裁判权，日本无法审判这位船长，最终船长仅象征性地受罚后被无罪释放。这就是"诺曼顿号事件"。

无论如何，日本都不能无动于衷，于是派出陆奥宗光为代表，与英国方面进行了顽强的交涉。当时英国要防备俄国，必须拉拢日本。1894 年，日本终于成功撤销了领事裁判权。

中日甲午战争

1894 年，朝鲜农民起义，反抗李朝压迫。当时朝鲜出现了带有宗教色彩的组织"东学党"，起义的农民大都是东学党成员，史称"东学党起义"。朝鲜政府无法控制局势，向清朝请求支援。面对这种情况，日本按捺不住了。如果清朝在朝鲜的势力进一步增强，将非常不利于日本的国防（如果朝鲜半岛处于一个大国的统治之下，那么隔海相望的日本很可能成为这个大国的下一个目标）。当然，原因不止于此。当时，日本国内终于安定下来，为了与欧美列强抗衡，日本也想进军亚洲邻国。因此，不可能不染指最近的朝鲜半岛。

日本借口保护日本驻朝鲜大使馆，向朝鲜派兵。在朝鲜内乱结束后，清朝和日本的军队都驻留朝鲜不肯撤退，两国陷入战争状态，这就是中日甲午战争。

日本军队凭借近代化的装备和训练有素的士兵，最终打败清朝。其作战能力远远超出其他列强的想象。日军获胜，毫无疑问，这件事令当时日本朝野十分震惊。虽然清朝被欧美列强打得落花流水，但谁也没有预料到，竟然也会败给小国日本。以这场战争的胜利为契机，日本开始飞速发展。

翌年，清朝与日本在日本马关（今山口县下关）签订《马关条约》（日本称《下关条约》）。

一般在战争结束时，双方都会签订条约，商讨条件，由战败国前往战胜国缔结条约，条约签署地作为条约名称（正式名称会更长）。这次战争清朝失利，所以就在战胜国日本的马关签署了《马关条约》。条约的内容如下：

1、清朝承认朝鲜独立

可能大家会有点意外，其实此前朝鲜一直都是清朝的属国。而且，历史上朝鲜半岛大多数时候都是中国的属国。此后，朝鲜改名为大韩帝国，宣布独立。

2、清朝割让台湾、澎湖列岛和辽东半岛给日本

根据《马关条约》，日本割占了台湾岛、澎湖列岛和辽东半岛，其中，辽东半岛位于中国和朝鲜半岛的交界处，战略意义非常重要。

3、清朝向日本赔款白银2亿两

按照当时的汇率，这笔赔偿款相当于3亿日元，数额巨大。后来，日本利用这笔赔款建立了八幡制铁所。

此外，还有开放通商口岸、最惠国待遇等过去列强在日本获得的各种不平等特权。战争获胜就可以获得无数的权利，反之可以想象战

年表　戊辰战争之后到中日甲午战争

这一阶段是以富国强兵为目标的明治政府打基础的时期！

1869 年 6 月	奉还版籍
1871 年 7 月	废藩置县
11 月	遣欧使节团（使节团成员包括岩仓具视、木户孝允、大久保利通、伊藤博文等。1873 年回国）
1872 年 8 月	公布《学制》（确立教育制度）
9 月	在新桥　横滨之间开设了日本最早的铁路
10 月	富冈制丝厂建立（在殖产兴业的目标下建立）
1873 年 1 月	《征兵令》（征集非武士组成的军队）
7 月	地租改革（征收税金，确立了财政基础）
10 月	西乡隆盛和板垣退助因征韩论离开政府（政府发生分裂）
1874 年 1 月	板垣退助提交了《民选议院设立建议书》（自由民权运动的开始）
1875 年 5 月	《库页岛千岛交换条约》
5 月	设北海道开拓使
1876 年 2 月	缔结《江华条约》（与朝鲜之间签订的有利于日本的条约）
1877 年 9 月	西南战争（从 1 月开始。西乡隆胜率领的鹿儿岛士族军队战败）
1879 年 4 月	设置冲绳县（最后的藩琉球成为县）
1880 年 3 月	国会期成同盟（轰轰烈烈的民权运动）
1881 年 10 月	天皇发布国会开设诏书（政府允诺将会开设国会）
1885 年 12 月	制定内阁制度
1889 年 2 月	颁布《大日本帝国宪法》
1890 年 7 月	第一次众议院议员选举
1894 年 7 月	签署《日英通商航海条约》（成功撤销了领事裁判权）
1894 年 8 月	中日甲午战争爆发

败将会多么凄惨。但是，战争是外交的最后手段，必须尽量避免。

三国干涉还辽

辽东半岛的战略意义非常重大，如果被日本占领，欧美列强肯定会寝食难安。尤其是俄国，当时正打算进军满洲（中国东北部，这片土地在近代史上意义重大），所以无论如何都要阻止日本占领辽东半岛。俄国位于北方，气候非常寒冷。到了冬天，几乎所有的港口都会结冰。因此，冬天无法部署舰队。出于这些原因，历史上的俄国一向采取南下政策。于是，俄国拉拢了有一致利益的德国和法国，劝说日本将辽东半岛归还清朝（当然他们不能明说"把辽东半岛给我吧！"）。这就是三国干涉还辽事件。当时，日本还不具备足够强大的军事实力，无法将三国视为敌人，无法坚持"这些都是我应得的"。无奈之下，只好接受了三国的建议。此后，日本一直对俄国抱有敌意，加强了对俄国的防范。

义和团运动

战胜清朝后，日本实质上将朝鲜置于自己支配之下，此后，日本围绕以满洲为中心的清朝的权益，又将俄国视为敌人。1899 年，中国国内以宗教团体义和团为中心的义和团运动兴起。他们提出"扶清灭洋"的口号，意为"扶助清朝，消灭在中国的外国势力"。

聪明的读者看到这里，是不是会觉得"咦？好像在哪里听到过。"是的，日本在幕末时期也做过同样的事情。但义和团运动并没有令清朝避免灭亡的命运，清朝灭亡后，中国也没能避免沦为殖民地的命运。而日本经过了幕末的动乱，没有沦为列强的殖民地，真是一种奇迹。维新英雄中，德川庆喜为了避免日本沦为列强殖民地而主动放弃政权，坂本龙马努力促成萨长同盟，还有其他怀着强烈爱国心的维新英雄们（虽然这其中也有主动挑起内乱的傻瓜），带给近代日本一个不同的结局。

话题再转回来。到了 1900 年，清朝的实际权力中心慈禧太后正式决定支持义和团，向欧美各国发布了宣战布告。宣战布告是表示"接下来将与贵国开战，从今往后，贵国与我国将进入战争状态"。就算是战争，也必须遵守国际法的规定，要正式进入战争状态，必须向对方国家宣战。起初，清朝占据优势，但由于列强援军不断增加，最后清朝大败。战败国清朝不得不接受比以前条件更苛刻的《辛丑条约》。结果，日本看到欧美各国开始割占清朝领土，于是借口其在清朝的设施遭到攻击，开始向中国派兵。在义和团运动带来的一片慌乱中，俄国占领了满洲。于是，日本联合英美两国抗议，最后迫使俄国撤兵，作为三国干涉还辽的报复。此后，日俄关系进一步恶化。

不知不觉中，日本已迈入列强的行列。在当时的情况下，仅仅用了不到 40 年的时间，日本就从一个不得不对列强唯命是从、签订不平等条约、被迫开国的国家，走到这一步，真可谓出人意料。

立宪政友会

1900 年，伊藤博文创立了一个政党——立宪政友会（简称"政友会"）。

之前的政党都是站在反政府的立场上，提出有利于民众的政策。

但伊藤的立宪政友会却是一个站在天皇、国家、官员、政府立场上的保守政党，之后成为日本政坛的一支重要力量。

八幡制铁所的建立

1901 年，日本政府利用《马关条约》中清政府支付的赔款，建立了八幡制铁所。当时，炼铁是用煤炭将铁矿石充分燃烧，使其熔化成液体，制成钢铁（现在多用石油代替煤炭）。因此，发展制铁业必须有铁矿石和煤炭。而日本使用的铁矿石基本都是从中国进口，日本北九州附近则有很多煤田，可以从中挖掘煤炭。所以，明治政府就将制铁所建在方便获得这两种原料的北九州。这是日本重工业发展的第一步，也是日本第二次工业革命的开始（第一次工业革命以轻工业为中心，主要建立了富冈制丝厂等）。制造出来的钢铁用于制造兵器。八幡制铁所在推进富国强兵的国策上起到非常重要的作用。

日英同盟

1902 年，对俄国有着共同利益的日本和英国结成秘密同盟，这就是日英同盟。当时，英国没有与任何国家结盟，保持所谓的"光荣孤立"，但最后还是和日本结盟了。盟约的内容主要有，"当一国与他国陷入战争时，另一国要保持中立"，"当一国与数国发生战争时，另一国要站在同盟国一方参战"。后来，这些内容给日本带来了很大利益。

日俄战争

缔结日英同盟后，日本再也不用担心单独和包括俄国在内的数国开战。于是 1904 年，日本向俄国宣战，日俄战争爆发。国力上，俄国和日本相差了 10 倍以上。但是，日本的外交斡旋非常成功，确保周围国家不会参战，而且在最初获得一定胜利后，就进入有利于本国的和谈阶段，这一战略起到了很大的作用。另外，陆军和海军的配合也非常成功（不可思议的是，在后来的战争中，日本的陆军和海军各自为政，与不同的国家开战，是世界史上少见的愚蠢行为）。

战争始于日本海军攻击俄军驻扎在中国旅顺的太平洋舰队。但这一行动以失败告终。

于是，日本改变作战方针，命令陆军攻击位于旅顺的一个俄军要塞。乃木希典（乃木大将）任指挥官。但日军牺牲六万多人，还是没有攻下旅顺。总部又派了儿玉源太郎，占领旅顺附近的 203 高地①的小山坡，不久后，旅顺的俄军宣布投降。因此，有人称乃木是"无能大将"。乃木是在隐退后被召回军队，并且，最初的作战计划中并没有攻占旅顺这一项，将一切都怪罪给乃木并不公平。

旅顺要塞陷落后，俄军旅顺舰队被歼灭。但是，俄国还拥有号称世界上最强大的波罗的海舰队。接下来就是海军大展身手的时候了。联合舰队司令东乡平八郎元帅在日本海海战（又称对马大海战）中歼灭了波罗的海舰队。据说，东乡平八郎把拥有多艘巨型战舰的波罗的海舰队引诱到了狭窄的海峡，使其不得不逐艘通过，而他则率领日本

---

① 203 高地，即猴（后）石山，因海拔 203 米得名，是日俄战争中的西线制高点。——编者注

海军等候在海峡的另一边，将波罗的海舰队的军舰逐艘击沉。当然这可能只是传说。不过，当时波罗的海舰队从欧洲北部的波罗的海绕行遥远的非洲（如果不绕行，需要通过苏伊士运河，而当时苏伊士运河处于英国的控制下）而来，已疲惫不堪，所以，和日本海军作战时，其战斗力大打折扣。即使如此，这一"世界上首次黄种人战胜白人的战争"还是引起了巨大轰动，东乡平八郎也被称为"东方纳尔逊[②]"。当时处于俄国控制之下的芬兰等国，对日本打败俄国一事也给予了高度赞赏。事实上，芬兰独立也受到了日俄战争中日本战胜俄国的影响（后来日本外交失策，现在基本上没有这样的评价了）。

乃木大将后来享祭于东京的乃木神社，东乡元帅享祭于元宿祭祀明治天皇的明治神宫旁边的东乡神社（据说东乡生前拒绝这种安排）。传说，东乡还发明了马铃薯炖肉。

《朴次茅斯和约》

早在日俄战争开战后不久，日本就开始考虑战争的善后问题。占据优势后，日本就急着与俄国讲和。日本委托美国总统西奥多·罗斯福为中间人，在美国的朴次茅斯与俄国交涉。但俄国不承认战败，交涉一度陷入僵局，直到日本做了最大限度的让步后，两国才签订了和约，这就是《朴次茅斯和约》。

《朴次茅斯和约》最大的特点就是放弃索要赔款。通过这个条约，日本得到了在大韩帝国的优先权、南满铁路的一部分以及南库页岛，等等。如果战争持续下去，将对日本非常不利，因此，这个结果已经

②纳尔逊，是指英国 18 世纪末 19 世纪初名将霍雷肖·纳尔逊（Horatio Nelson），英国海军上将，被誉为"英国皇家海军之魂"。——编者注

很不错了。

但是，在战争期间，日本政府向国内百姓宣传了很多大获全胜的消息，所以，日本国民不肯就此罢休，很多反对签署和约的人聚集在东京日比谷，引发了暴动。这就是日比谷烧打事件。这次事件造成17人死亡，500多人受伤，政府甚至发布了戒严令，东京一时处于混乱状态。

反战主义者

日俄战争期间，开始出现反对战争的人（和今天不同，当时虽然有很多有知识、有见识的人，但他们却很少反对战争本身）。女诗人与谢野晶子因为怀念从军的弟弟，写下了反战诗歌《你不能死去》。还有从基督教教义的角度反对战争的内村鉴三，以及从社会主义思想的角度提倡反战的幸德秋水。

足尾铜山矿毒事件

从这一时期开始，日本国内的工业迅速发展。随着工业的发展，公害问题也随之而来。其中最具代表性的是发生在枥木县足尾铜山的足尾铜山矿毒事件。在矿山开采矿物时会产生矿毒。足尾铜山将未经处理的矿毒排到了附近的渡良濑川。因为矿毒扩散，下游的农田无法种植粮食。

当地的众议院议员田中正造就此事向政府提出了申诉。但是，当时政府将富国强兵作为最高国策，没有听取他的意见。于是，田中正造拼死做了最后的上诉。他辞去议员一职，直接向天皇申诉。在那个时代，"天皇神圣不可侵犯"，这样做一不小心就可能性命难保。这种精神和今天一些只考虑个人利益的政治家完全不一样。为了农民的利益拼死上诉的正造值得敬佩。他认为，即使冒着生命危险，也要让这件事得到社会关注，这样政府就不能置之不理。但是，政府的手段更高一筹，没有处罚田中正造直接向天皇上诉的行为，而是把他当成一个精神病患者来处理。田中正造的愿望最终没能实现。

大逆事件

此时还发生了一件震惊社会的大事。日俄战争时，幸德秋水从社会主义思想的角度提出了反战论。在举国上下都被富国强兵的国策鼓舞时，泼冷水似的反战论令政府非常不快。而且，幸德秋水还是一个社会主义者。这里的问题是，社会主义不需要天皇。因此，政府给社会主义者们安上了莫须有的罪名，说他们企图暗杀天皇，将他们处死。这件事发生在 1910 年，以此为开端，政府以大逆罪（违逆天皇之罪）为借口，杀害了很多社会主义者和无政府主义者，这些事件称为"大逆事件"。

的确，如果了解一下此时日本国内的舆论，会发现日本远远落后于欧美列强，仍有沦为殖民地的危险。所以，镇压反对派是必须的手段。但像这样捏造罪名，处死异见人士的行为，无论如何也不能容忍。从这件事可以充分看出权力的恐怖。

吞并韩国

日俄战争后，日本加快了吞并大韩帝国的步伐。此时，日本已通过战争扫除了吞并韩国的障碍——清朝和俄国，这两个国家再也不是日本的威胁了。日本作为韩国的保护国，在韩国首都汉城设置了统治韩国的机关——韩国统监府。伊藤博文为首任统监。韩国青年安重根对此非常愤怒，在中国的哈尔滨火车站暗杀了伊藤。

这场暗杀的后果非常讽刺。伊藤几乎是当时有势力的政治家中唯一一个反对吞并韩国的。在他被杀后，再没有其他政治家反对吞并韩国。于是，1910 年，日韩签署了《日韩合并条约》，"韩国皇帝将韩国的统治权完整且永久地让渡于日本天皇"。

恢复关税自主权

至此，日本已经完全步入列强的行列。小村寿太郎在签订《朴次茅斯和约》时曾积极推动日俄交涉，也正是他的努力，最终，在 1911 年美国承认日本恢复关税自主权。之后，其他国家也相继承认日本恢复关税自主权。

第十章 大正～平成时代

〔两次世界大战、顶点和挫折、奇迹的复兴〕

日本在明治之后实现了奇迹般的快速成长，并在第一次世界大战后，成为国际联盟的 5 个常任理事国之一，终于成长为亚洲乃至世界的一流国家。

明治元勋们在和旧幕府势力的对抗中，凭个人实力功成名就，但是，他们的时代结束了。陆军和海军作为既得利益者，不再追求国家利益，转而追求军队利益。于是，轻率地投入到侵华战争和太平洋战争中，结果惨败。

但是，在第二次世界大战后，第二次奇迹出现了，日本实现了战后复兴和经济的快速增长，经济实力跃居世界第二。日本经历了无数的荣光与挫折。

大正时代

1912 年，明治天皇去世，享年 61 岁。他的三子大正天皇继位（大正天皇的哥哥们都在成人之前夭折），仅仅持续了 15 年的大正时代拉开帷幕。据说，大正天皇幼时患过脑膜炎，所以智力有障碍。最有代表性的故事就是望远镜事件。

有一次在帝国议会上宣读诏书时，天皇突然把诏书卷了起来，像看望远镜一样朝里面看（这种非常孩子气的动作被认为是智力有问题）。但是，也有人说天皇这样做只是为了确认诏书的反正。

和威严的明治天皇不同，大正天皇会亲切地和臣民打招呼。可能正因如此，一些希望强化军事力量、排除民众力量，以及希望政府能够推行强权政治的人，并不欢迎这样的天皇。不管怎样，大正天皇体弱多病这一点是事实，他仅在位 15 年就去世了。但是，在大正时期，期盼实现民主主义的风气非常盛行，被称为"大正民主主义"，也许这是大正天皇的性格的反映。

第一次护宪运动

当时，内阁由立宪政友会和藩阀轮流组阁。出身长州的桂太郎第三次成功组阁后，施政时无视议会的存在，结果招致众多政治家和知识分子的反对；再加上报纸舆论的推动，尾崎行雄等人发起了希望政府按照宪法执政的运动，这就是第一次护宪运动。受此影响，桂太郎内阁仅存在 53 天就被迫集体辞职。尾崎因此被称为"宪政之神"或"护宪之神"。后来他还发起了倡议实施普通选举制的运动。同时，他还是一位坚决反对扩大对外战争的和平主义者。

民本主义

此时，东京帝国大学（今东京大学）教授吉野作造提出了民本主义。他认为，政治应当为国民谋幸福，实现普通选举，由国民代表实施政治。其实这就是民主主义"主"权在"民"的思想。但是，这种思想与《大日本帝国宪法》相违背，而吉野作造也很可能会因此被判不敬罪或大逆罪。因此，他创造了民本主义这个词。不过，即使他的用词已经很谨慎，还是遭到了国家主义者的非难。尽管如此，他的民本主义在后来实现普通选举制的运动中起到了非常重要的作用。

天皇机关说

此时，东京帝国大学教授、宪法学者美浓部达吉开始大力提倡由他的老师一木喜德郎提出的天皇机关说，这一学说已在学术界和政界普遍得到认同。天皇机关说是指，"国家因为法律被赋予了人格，国家机关负责作出国家的决定，在日本，天皇是负责决定国家意愿的最高机关"。这种观点看起来与之前的天皇主权说①没有太大的区别，但

---

①天皇主权说，即认为天皇是国家，天皇的意愿即是国家的意愿。当时同是东京帝国大学教授的上杉慎吉以"天皇主权说"为主张，与美浓部达吉展开论战。——编者注

实际上却大不一样。天皇主权说的观点是君权神授，而天皇机关说却提出，天皇的地位由法律保障。后来，军部无视国民的利益和想法，走向独裁，而天皇机关说阻碍了军部的独裁，于是，在 1935 年受到了打压和指责："将天皇比作机关枪，真是岂有此理。"

美浓部达吉被迫辞去贵族院议员之职，甚至遭到了右翼分子的狙击。据说，当时昭和天皇本人还说过，"机关说也没什么不好的。"可见当时军部和右翼已将天皇当成了利用对象。有人认为，"在战前的黑暗时代，《明治宪法》（即《大日本帝国宪法》）已经没有任何意义了。"但这不准确。至少，在 1935 年之前，大部分人已经接受了天皇机关说。日本真正陷入黑暗是第二次世界大战之前，这时军部开始实施独裁统治。而且，大正时代还出现过大正民主主义的风潮。

第一次世界大战

同一时期，在欧洲，以英国和德国为中心，各列强上演了激烈的殖民地争夺。特别是地中海沿岸的巴尔干半岛，位于亚洲和欧洲的交界处，白种人和黄种人的对立、基督教和伊斯兰教的对立、基督教内部天主教和东正教（在俄国有很多信徒）的对立及其他各种因素，让这里纷争不断，被称为"欧洲火药库"，一旦被引燃，将会发生震惊世界的恐怖"大爆炸"。

1914 年，奥匈帝国（德国的邻国。奥匈帝国皇帝出身欧洲名门哈布斯堡家族）的皇太子夫妇在视察萨拉热窝（现在属于波斯尼亚－黑塞哥维那，依然纷争不断）时，被一个塞尔维亚青年暗杀，这就是"萨拉热窝事件"。由此，奥匈帝国向塞尔维亚宣战，随后欧洲各国争相参战，第一次世界大战爆发。

当时，德国拉拢了奥匈帝国、意大利等发展较落后的帝国主义国家，结成了"三国同盟"，这三国也被称为"同盟国"。相对地，英国拉拢了法国、俄国等当时发展较快的帝国主义国家，缔结了"三国协约"，被称为"协约国"。

但是，意大利在领土问题上与奥匈帝国有分歧，后来转而投入协约国阵营。同盟国一方的主要参战国有德国、奥匈帝国、奥斯曼帝国、保加利亚等，而协约国一方主要有英国、法国、俄国等国。

二十一条

一战的主战场在欧洲。原本这场战争与日本毫无关系。但是，日本巧妙地利用这场战争，获得了巨大利益。这就是《对华二十一条要求》（简称"二十一条"）。当时，日本与英国结成了日英同盟。根据盟约的内容，此次英国同时与数国开战，日本作为英国的同盟国也必须参战。因为主要战场在欧洲，日本基本上帮不上忙。于是，日本出兵中国。出兵的借口是攻占德国在华的势力范围。事实上，就算攻占了山东半岛，对一战的战局也不会产生什么影响，所以，英国不希望日本参战。但日本强行参战，并利用欧美列强忙于欧洲战场顾不上中国的机会，扩大了在华利益，向中华民国政府提出了"二十一条"。其中由日本继承德国在山东的一切权益等内容，严重侵犯了中国的主权，而且，欧洲各国也无法容忍日本这种渔翁得利的行为。但是，此时欧洲各国根本无暇东顾，日本正是瞅准了时机，才能坐享渔翁之利。

第一次世界大战和日本

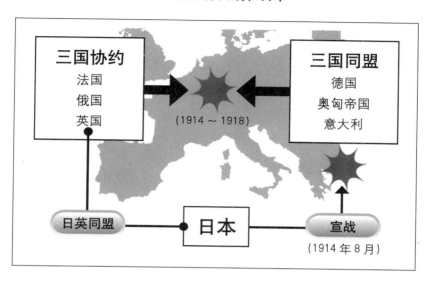

新式武器

在一战中，出现了很多新式武器，造成战争伤亡人数大幅上升。下面介绍一下代表性的新式武器。

首先是飞机。此时的飞机性能较差，一般用于侦察等任务（可能也可以从空中向下扔砖头吧）。其次是坦克。与我们现在看到的坦克不同，此时的坦克没有炮弹发射台，性能也有待发展。但是，它能够翻越沟渠和栅栏，在战争中起到了很大的作用。再次是毒气，令战场伤亡人数大增。生化武器开发简单，具有超强的杀伤力，非常可怕，所以直到现在还被称为"贫穷国家的核武器"。最后是潜水艇，由德国军队发明。

随着这些新式武器的出现，大战陷入了泥潭。这场战争同时也是比拼国家综合实力的战争。此前，战争主要在双方军队之间展开，偶尔会将普通百姓卷进来，只要不是处于战场，普通百姓的生活还比较正常，只是会受到一定的限制。但是，在此次大战中，双方的普通百姓都卷入了武器生产等战争的方方面面，全面战争时代拉开序幕。

俄国革命

俄国当时处于罗曼诺夫王朝皇帝尼古拉二世的统治之下。百姓生活困苦，被迫成为战争的牺牲品。在这样的情况下，1917 年，在列宁的领导下，革命爆发，皇帝被处死。经历了种种曲折之后，罗曼诺夫王朝灭亡，世界上第一个社会主义国家——苏维埃社会主义共和国联盟（简称苏联）成立。俄国也因此脱离了第一次世界大战的战线。

出兵西伯利亚和米骚动

俄国革命消灭了皇帝，是一场社会主义革命。对于很多国家来说，社会主义思想非常具有威胁性，一旦传播开来，国家将不再需要企业家、资本家、贵族和国王。因此，英国、日本等君主立宪制国家，以及美国、法国等民主共和制国家联合出兵，意图推翻革命政府，史称"出兵西伯利亚"。

当知道日本要出兵西伯利亚后，日本国内的商人们开始囤积大米。要派遣军队，就必须有粮草、武器和燃料，政府将会采购这些物资，所以只要提前买好，就能高价转卖给政府谋利。由于很多商人都抱着这种想法囤积大米，导致大米价格上涨，普通老百姓根本买不起大米。

　　此时，男人们说："大家都一样，还是忍忍吧。"但是母亲们不肯罢休，她们觉得，"现在这种情况太奇怪了，为什么大米这么贵！这样下去大家都没饭吃啦。一定要想办法改变这种情况。"于是，在富山县的鱼津（现在是很有名的拉链生产地），妇女们哄抢了米店。此事一经报道，日本各地都出现了哄抢米店的妇女。这一系列骚乱被称为"米骚动"，发生在 1918 年。

原敬的政党内阁

　　受到米骚动的影响，此时的寺内正毅内阁集体辞职。

　　接下来组阁的是政友会的原敬。他既不是出身于萨长土肥，也不是华族（明治维新时，以华族、士族和平民 3 种身份代替以前"士、农、工、商"的身份登记制度，其中，原来的贵族和诸侯为华族），只是平民，因此被称为"平民宰相"（宰相在这里指总理大臣），受到了民众的欢迎。不过，他的政策却完全倾向于特权阶层，对平民非常苛刻。丰臣秀吉也是如此。所以，出身贫寒的人爬上高位后不一定就会照顾普通百姓。这个内阁是日本最早的、真正的政党内阁（没有藩阀参与）。

无限制潜艇战和美国参战

　　话题再回到第一次世界大战。战争双方一直僵持不下。于是，着急的德国准备利用自己独有的潜水艇（即 U boat）作战。德国最大的对手英国是岛国，因此，德国准备在英国周围的大海中部署潜水艇，以击沉进出英国的船只，令英国弹尽粮绝，即对英国实行海上封锁。这个作战方案十分厉害，被称为"无限制潜艇战"。但"无限制"并不是什么好事。

当时，美国正处于第五任总统门罗执政时期，基于门罗总统提出的门罗主义，美国采取了尽量不卷入欧洲战争的态度，因此并没有参加第一次世界大战。但是，1915年，英国客船卢西塔尼亚号被德国潜艇击沉，造成很多美国乘客丧生。原本美国国内对德宣战的呼声就不断高涨，再加上此次德国的无限制潜艇战给美国造成了损失，美国最终决定对德宣战。

美国参战后，战局很快朝着有利于协约国的方向发展。1918年，这场人类首次世界大战终于宣告结束。此时，德国国内也爆发了革命（最初是疲于征战的海军士兵们发动起义），德意志帝国皇帝威廉二世逃亡国外。同时，实行共和制的魏玛共和国在德国成立了。

《凡尔赛和约》

1919年，为了商议战胜的协约国与战败的同盟国之间的和约条件，各国代表聚集巴黎，召开了会议，这就是巴黎和会。会上各国签订了《凡尔赛和约》（因为是在凡尔赛宫签署，故称为《凡尔赛和约》）。其主要内容如下：天文数字般的巨额赔款、没收德国在海外的所有殖民地、德国割让一部分领土、包括取消征兵制在内的严苛的军备条件，等等。总之是非常屈辱的条约。由于该条约过于严苛，极大地伤害了作为日耳曼民族的德国人的自尊心，反而激起他们的民族意识，以至于后来德国再次发动战争，与全世界为敌。

三一运动和五四运动

1919 年，韩国的独立运动家们掀起了呼吁韩国从日本独立的运动，史称"三一运动"。最后被日本镇压。

另一方面，在巴黎和会上，日本大战期间提出的"二十一条"基本都被中国北洋政府接受，所以中国的学生们聚集在天安门广场等地，掀起了"五四运动"。

这两个事件标志着中韩两国的人权意识开始萌芽。此时，日本作为亚洲唯一的战胜国，同时也是备受讨厌的国家，在巴黎和会上提出撤销对有色人种的歧视（但是被驳回）。虽然这个会议强调了民族自决，提出各个民族不应当受到其他人种和国家的支配，要保持国家独立，但只是针对白种人而言。

国际联盟

因为新式武器的出现，战争发展成了各国的综合国力战，各国都在一战中遭受了从未经历过的巨大损失。为了阻止这样的悲剧重演，美国总统威尔逊提议建立一个旨在维护国际和平的机构，国际联盟成立。国际联盟的总部设在瑞士日内瓦，最初有 44 个成员国。虽然设置这个机构的初衷很好，但遗憾的是，它并没能阻止第二次世界大战的爆发。原因主要有以下几点：

1、一些大国没有加入

最先提出建议的美国因为门罗主义没有参加国联；德国是一战的

战败国，所以被排除在外；苏联是社会主义国家，也被排除在外。这几个具有国际影响力的大国都没有加入国联。

2、决议需要全体会员国一致通过

国际联盟的决议没有采用多数表决制，而是采取由全体会员国一致通过的原则。也就是说，只要有一个国家反对，议案就无法通过。因此，很多重要议案都没有通过（后改为多数表决制）。

3、不具备武力制裁手段

国际联盟没有自己的军队和维和部队，所以就算有国家犯下了国际法禁止的侵略或暴虐罪行，国际联盟也只能通过文件或口头警告。

这些都是国际联盟不能正常发挥作用的主要原因。但是，比起一战之前不存在任何类似组织的情况，还是有了很大进步。日本当选为国际联盟的常任理事国（亚洲唯一一个），新渡户稻造还被选为国际联盟副事务长。

大战后的日本

在第一次世界大战中，日本没有成为战场。但欧洲各国却战火连天，农场和工厂变成一片废墟。一战后，日本出口猛增，经济空前繁荣。财阀们趁机扩张势力，一时间出现了很多暴发户。但是，这种繁荣景象只是欧洲遭受战火一时低迷的结果。随着欧洲经济的复兴，日本的出口出现了下滑趋势。此外，在经济繁荣期，很多人希望赚到更多钱，因而扩大对工厂等生产设备的投资，反而陷入经济困难期。

此时，城市中掀起了劳动运动。1920年，劳动者庆祝了日本第一个五一国际劳动节。在农村，佃农要求地主降低地租，冲突频繁发生。1922年，全国性的农民组织——日本农民工会成立。同年，为了帮助被称为"新平民"的受歧视人群，全国水平社成立，在京都的成立大会上还公布了《水平社宣言》。日本共产党也在这一年成立。

女性解放运动

在这样的时代潮流中，女性解放运动也进行得轰轰烈烈。运动要求解放女性，赋予女性选举权。平冢雷鸟在杂志《青鞜》上发表了以"原始女性是太阳，是真正的人"为开头的著名文章，市川房枝也为实现女性参政而四处奔走。

关东大地震

1923 年 9 月 1 日，关东地区发生了 7.9 级的大地震，史称"关东大地震"。由于地震发生时正值午饭时间，所以引发了火灾，造成东京、神奈川、千叶、埼玉、静冈等多地受灾，死亡人数超过 10 万人。这次震灾使日本原本就不景气的经济雪上加霜。同时，在震灾中，"朝鲜人纵火"等流言四处传播，很多朝鲜人以及被误认为是朝鲜人的中国人遭相信流言的日本人杀害。这是无法原谅的罪行。关东大地震践踏了人们的幸福。

《普通选举法》和《治安维持法》

1924 年，护宪运动再次兴起，要求政府实行普通选举制，史称

"第二次护宪运动"。之后，被称为"护宪三派"的宪政会、立宪政友会、革新俱乐部成立了联合内阁，由加藤高明任首相。1925 年，加藤内阁制定了《普通选举法》。但是，在这部法律中，普通选举并不包括女性，因此只有 25 周岁以上的男子才拥有选举权。女性获得选举权最早是在太平洋战争失败后的 1945 年。

即使如此，《普通选举法》还是具有划时代的意义。但是同时，加藤内阁还制定了另一部恐怖的法律——《治安维持法》。从名称上看，这部法律似乎没什么问题，即维持政"治""安"全的法律。不过，古今中外对自由和权利的压制都会有一个冠冕堂皇的名称作为借口。这部法律也一样。在维持治安的名义下，不仅是社会主义者和无政府主义者，到后来甚至是和平主义者、自由主义者以及其他反对政府和官员的人，都遭到逮捕、拷问，甚至被处死。这样危险的法律几乎和《普通选举法》同时制定，真是一种非常高明的（狡猾的）手段，也是掌权者常用的伎俩，即所谓的"胡萝卜加大棒"。当国民的注意力都被引向《普通选举法》而兴高采烈时，趁机发布这样的法律。

经济大萧条

1929 年，美国纽约华尔街证券交易所的股票价格暴跌，经济危机很快蔓延至整个世界，史称"经济大萧条"。面对这场经济危机，世界各国不得不采取对策。

美国 美国总统罗斯福实施了罗斯福新政。通过这一政策，政府致力于在田纳西河上兴建大坝工程等公共事业，改变了原先奉行的政治不干预经济的自由主义政策。美国试图通过兴建公共工程，创造就业机会（经济不景气，失业者增加）。

英国和法国　英国和法国采取了关税壁垒政策。该政策在本国与他国之间设立了高关税壁垒，在国内需求原本就减少的情况下（经济不景气，导致商品卖不出去），尽量引导国民购买本国商品，以本国和殖民地之间的贸易为主。因此，实行该政策必须要有广阔的殖民地。

德国和意大利　好不容易走上了战后复兴道路的德国遭受了巨大损失。意大利当时还没有实现国内统一，属于发展较落后的帝国主义国家，几乎没有什么殖民地。因此，这些国家走上了法西斯道路，推行独裁统治，增强军事力量，进军海外，扩张殖民地。德国由纳粹党领袖希特勒掌权，而意大利则由法西斯政党首领墨索里尼执政，他们取缔并镇压其他政党，实行独裁政治。很遗憾，日本也走上了同样的道路。

苏联　苏联是社会主义国家，没有私营企业，几乎所有的生产和服务都由国家制订计划，推行计划经济，所以基本上不存在繁荣或萧条的说法。而1929年的经济大萧条正好发生在苏联第一个五年计划期间。因此，并没有受到大萧条的影响。

政党政治的失败

1930年，伦敦裁军会议召开，日本参加了此次会议，并签署了相关条约。海军对此不满，指责政府签订该条约的行为侵犯了天皇的统帅权。而《大日本帝国宪法》规定，统帅权归天皇所有。因此，只要是与军队相关，政府就不能在没有得到天皇许可的情况下任意决定。从法律上来说的确如此，但国际形势瞬息万变，与军事问题密不可分，实际上不可能——获得天皇的许可后再做决定。原本追究此事的是当时在野党政友会的犬养毅和议员鸠山一郎，但这一点被军部和右翼利用。自此，政党政治事实上失去了作用，军部开始按照自己的意愿执政。

此时，首相浜口雄幸遭右翼袭击。随后调查此事的犬养毅因赞成裁军而被暗杀，鸠山也因军部的敌视不得不退出政坛。所以说历史实在是非常讽刺。除统帅权问题外，军部常常用各种手段对付不顺自己心意的内阁。看起来似乎在肆意挑战《大日本帝国宪法》极限的军部，一般都会巧妙地利用法律来达到其政治目的。

《大日本帝国宪法》规定，内阁中的陆军大臣和海军大臣必须由现役军人担任。因此，这两位大臣的人选就由陆军和海军向首相推荐。如果这位首相不合军部的心意或采取了令军部不满的政策，军部就会拒绝给出陆军大臣和海军大臣的人选，或让两位大臣辞职并拒绝推荐继任者。一旦陆军大臣和海军大臣缺席，就无法组阁。于是，为了让军部推荐大臣人选，内阁不得不听命于军部。这就是军部最常用的手段，抓住并利用法律漏洞，以按其意愿推行政治。当然还有恐吓、政变以及暗杀等其他恐怖手段。

九一八事变和伪满洲国的建立

1931 年 9 月 18 日，中国柳条湖附近的南满铁路上发生了一次小爆炸。驻满洲的日本陆军（关东军）借口该爆炸是中国军队所为，趁机采取报复行动，无视内阁发出的"不可继续扩大战争"的指示，几乎占领了整个东北。这一事件史称"九一八事变"。事变是指不经宣战的、在国际法上视为非正式的战争。后来的调查表明，这次爆炸事

1940 年的伪满洲国与日本

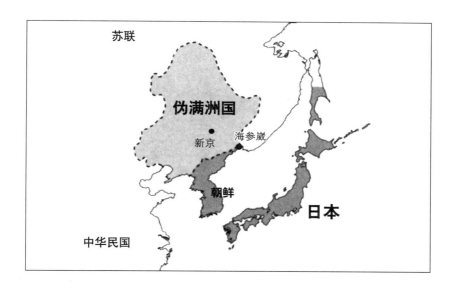

件完全是关东军自导自演的把戏。已经没有什么事情是他们不敢干的
了。他们不是为了国家而战，而是为了自己的利益、为了立战功而故
意引发战争。不仅是陆军，海军也同样如此。

翌年，即 1932 年 3 月，日本推出了清朝最后的皇帝爱新觉罗·溥
仪，建立了伪满洲国。伪满洲国政府全部是由听命于关东军的人组
成，完全受关东军操控。这是赤裸裸的侵略，伪满洲国只是日本的傀
儡政权。自此，日本在国际上开始走向孤立。

五一五事件

1932 年 5 月 15 日，一群青年海军军官持枪冲入首相官邸，开枪

杀死了当时的首相犬养毅（犬养毅指责政府侵犯天皇统帅权，这一言论有利于海军，但最后他却被海军所杀）。这一事件发生在 5 月 15 日，因此被称为"五一五事件"。

其实，此前还发生过日莲宗僧侣井上日召领导的宗教恐怖事件——血盟团事件。时代已逐渐朝着法西斯主义和军部强权政治发展。对比前一年发生的九一八事变，海军之所以这样做，也是不甘落后于陆军的表现。因为天皇的诏敕，五一五事件很快结束。自此，军部的气焰越发嚣张，政治逐渐按照军部的期待推进。和中日甲午战争及日俄战争不同的是，这个黑暗时代考虑的不是国家利益，而是军部的利益。确切地说是陆军和海军各自的利益。因此，陆军和海军不仅没有合作，还互相拖后腿。

日本退出国际联盟

日本在中国东北建立伪满洲国，意欲让其独立，进而独占中国东北。这一侵略行为遭到了国际联盟的谴责。国联派出了李顿调查团调查，并公开宣布"满洲的主权属于中国"。日本表示不服，派出松冈洋右任日本代表团首席代表，赴日内瓦参加临时会议。他在会议上竭力为日本的立场辩护，鼓吹伪满洲国的正当性。在 1933 年通过决议时，全部 43 个国家，有 42 个国家承认中国对东北的主权，认为日本的占领是不正当的，只有日本自己投票赞成自己的行动。军部主导的政治使日本在国际上陷于孤立的泥沼中。

表决后，松冈洋右表示日本方面不能接受该决议，之后日本退出国联。

二二六事件

　　1935 年，发生了前文提到过的天皇机关说事件，连贵族院议员都不能违逆军部的意志了。在这样的形势下，1936 年 2 月 26 日，陆军青年军官们率领部下，以"昭和维新"、"尊皇讨奸"为口号，多次袭击政府要员。这就是"二二六事件"。正如他们的口号——"讨奸"，他们认为自己必须声讨那些故意假传天皇命令、利用天皇为所欲为的"君侧之奸"。结果首相冈田启介、大藏大臣高桥是清、内大臣斋藤实遭到攻击甚至被杀害（冈田最后获救了）。

　　这不再是几个军官的叛乱，而是大规模的政变。听到这个消息后，天皇大怒，命令军队进行武力镇压。但事实上天皇这样做也违反了宪法，因为《大日本帝国宪法》规定，禁止天皇单独陈述意见。天皇不能在没有内阁辅佐的情况下实施政治行为。现在的宪法中也有类似的规定，天皇必须在"内阁的建议和同意"下实施国事行为。

　　政府向叛军散发了呼吁他们投降的传单。传单上的文字非常有名，在这里稍作介绍。

　　"告军官士兵，现在归复原队，仍为时不晚；抵抗者全部是逆贼，射杀勿论；你们的父母兄弟在为你们成为国贼而哭泣。"

　　于是，叛军被解除了武装，事件终于结束。其实，当时陆军分裂成两派，"皇道派"提倡"天皇是神，应当亲政，因此必须用武力清除君侧之奸"，"统制派"提倡"应当根据法律向政府施压，以实现自己期待的政治"。不用说，二二六事件是由皇道派的青年军官发动的。此后，统制派在陆军的势力进一步增强。

侵华战争

统治着满洲的陆军，想把侵略的步伐扩大到整个中国。在伪满洲国和周边地区的交界处，中日两军对峙，战争一触即发。1937年7月7日，在北京郊外的卢沟桥附近，日军借口一个士兵失踪，要求进入宛平城搜查被拒后，强行入城，遭到中国军队奋起抵抗，这就是"卢沟桥事变"。以此为开端，中日两国进入全面战争状态。这场战争被称为侵华战争。当时，中国蒋介石领导的国民党和毛泽东领导的共产党正在对峙。在国家危机下，双方放下了彼此的争端，开始联手抗日。国共达成合作，建立了抗日民族统一战线。

侵华战争是一场非常愚蠢的战争。因为这场战争不是为了国家利益，而是为了军队的利益。而且，陆军无视政府命令，一味拉长战线，使处于优势的日军在后来疲惫不堪。中日甲午战争和日俄战争时那种"通过短期决战，一旦获得优势就马上签订有利于己方的和约"的外交模式已不复存在。军部疯狂地沉浸于只对自己有利的打算，战争状态一直持续。这样的战争是不可能获胜的。最后军部终于将日本逼上了濒于灭亡的绝境。

《国家总动员法》

1938年，为了应对日渐扩大的战线，政府制定了《国家总动员法》，进一步将日本引向了绝路。法案规定，只要是为了战争目的，国家可以任意调配全国的人力和物力。由此，政府可以随时征兵（《征兵令》规定了时间和其他条件），也可以随时没收、使用国民的财产（本来将这些用于战争就无法容忍，但更无法容忍的是，有些人将这些钱财装进了自己的腰包）。已经没有什么是不可能发生的了，这样的法律都能得到批准，可见这个国家已经不是立宪国家了。而且，在当时的法案审议阶段，无产阶级政党社会大众党也投了赞成票。

第二次世界大战

把目光转向欧洲。一战后，德国被迫接受了屈辱的《凡尔赛和约》，之后又小心翼翼地走向复兴，但在受到经济大萧条的打击后，最终走向法西斯主义。德国在纳粹党（正式名称为"德意志民族社会主义工人党"，不要被它的名称欺骗了）首领希特勒的强势政策下，事实上撕毁了《凡尔赛和约》，重整军备，并开始侵略周边地区。以英国为首的列强最初采取绥靖政策，默许德国的做法。但是，当1939年德国开始进攻波兰时，英法终于站了出来，向德国宣战，第二次世界大战爆发。到1940年，德国以压倒性优势的战斗力，几乎已占领除岛国英国之外的整个欧洲。但这种长驱直入的势头并没有保持多久。

德意日三国同盟

1940年，在德国势如破竹状态的影响下，日本、德国，以及墨索里尼统治下的意大利结成了军事同盟。这就是德意日三国同盟。

想必看到这里大家也都明白了。和一战一样，德国又与整个世界开战。这3个国家都属于国内统一时间较晚，不得不向外扩张、夺取殖民地的国家。日本在一战时属于战胜国，原本完全没必要和其他两国沆瀣一气。但一战后的日本外交太失败，在国际上逐渐处于孤立状态，因此不得不加入德意一方。

大政翼赞会

缔结德意日三国同盟后的第二个月，在当时的首相近卫文麿（出身于藤原家族，在国民中很受欢迎）的倡导下，为了保证战争顺利进行，消除所有反对声音，保持国家团结一致，大政翼赞会成立。伴随着这个政党的成立，其他政党一一解散或被合并。原本就只剩空壳的政党政治终于完全终结，变成一党专政。金融界也处于大日本产业报国会的领导下，之后又相继成立了大日本妇人会、大日本青少年会。

太平洋战争

面对这样的形势，日本犯下了最不该犯的错误，那就是向美国宣战并发动太平洋战争。此时美国、英国、中国、荷兰已经联合限制向日本出口石油等资源（即 ABCD 包围网①），为了寻求资源，海军开始入侵东南亚各地。近卫和美国进行的和平交涉也以失败告终。在日本侵占了法属殖民地越南后，美国开始全面禁止向日本出口石油，日本已经山穷水尽。

---

① ABCD 包围网的"A"代表 America（美国），"B"为"Britain"（英国），"C"为"China"（中国），"D"为"Dutch"（荷兰）。——编者注

明治、大正、昭和时代的战争

明治时代	日本	世界
1894~1895 年 **中日甲午战争**		
1904~1905 年 **日俄战争**	1902 年 日英同盟（对抗俄国的南下政策） 1910 年 吞并韩国	
大正时代 1912~		1911 年 辛亥革命（清朝灭亡）
1914~1918 年 **第一次世界大战**		
	1923 年 关东大地震（东京损失惨重） 1925 年 《普通选举法》和《治安维持法》发布	1917 年 俄国十月革命（第一次胜利的社会主义革命）
昭和时代 1926~		1929 年 经济大萧条
1937~1945 年 **侵华战争**	1932 年 伪满洲国成立（日本在满洲的傀儡政权） 1938 年 《国家总动员法》（战争期间统制运用全国人力物力资源）	
1939~1945 年 **第二次世界大战**		
	1940 年 德意日三国同盟 1940 年 大政翼赞会、大日本产业报国会成立	
1941~1945 年 **太平洋战争**		

出身陆军的东条英机接替近卫担任了首相这职，他与美国国务卿赫尔进行了最后交涉，赫尔向日本提出日本从法属越南全面撤军等条件（《赫尔备忘录》），日本则认为谈判破裂，决定向美国开战。前面已经强调过多次，这是绝对不可以开始的战争。并不是出于和平之类的大道理，而是因为当时日本已与大国中国开战，再和敌对国美国开战的话，无疑会让自己陷入腹背受敌的困境。但是，完全失去了理智的军部控制了政府，已经没人能够阻止这种愚蠢的行为了（没有反对党）。日本打出"大东亚共荣圈"的旗号，宣称"日本要把欧美的白种人赶出亚洲，要让亚洲成为有色人种亚洲人自己做主的地方"，发动了"大东亚战争"（日本方面的叫法，说明了当时日本政府对这场战争的肯定态度）。

　　1941 年 12 月 8 日，日本的联合舰队偷袭了当时驻扎了很多美国海军军舰的夏威夷珍珠港（Pearl Harbor）。此时使用的"攀登新高山"（决定开战）和"虎虎虎"（我军偷袭成功）等暗号非常有名。但是，有说法认为这些暗号已经完全被美军破解。同时，由于日本没有及时宣战，引发了美国舆论对日本的炮轰。美国国民认为日本没有绅士风度，出现了"讨厌日本"、"不能原谅卑鄙的日本人"等声音。

　　开战后不久，日本以疾风怒涛之势攻占了太平洋上的许多岛屿。但还是没有考虑签订有利于己方的和约。在接下来的中途岛海战中，日本引以为傲的以航空母舰和战舰为主的联合舰队遭到了以飞机为主的美军的巨大打击。包括身经百战的飞行员在内，共有三千多人战死，4 艘航空母舰被击沉，两百多架舰载机被歼灭，这是日本第一次惨败。

　　自此，战争局面朝着有利于美国的方向发展，日本虽在局部地区取得了胜利，但不断战败撤退。在日本轰炸珍珠港时侥幸逃过一劫的美军航空母舰，在中途岛海战中成为了美军的主力。同时，由于日军的密码泄漏，再加上判断失误导致舰载机上的炮弹装载出错，调换又耽误了战机，因此，在人数和装备都占优势的情况下，原本能够获胜的战斗最终以失败告终。中途岛海战是一个重大的转折点，日本从此走向战败。

《波茨坦公告》的签订和战败

1943 年，意大利投降。之后，1945 年 5 月，德国投降。于是，日本陷入孤军作战的状态。日本国内已经实行了粮食配给制，本土也遭到了轰炸，小学生被疏散到各地。4 月，美军在冲绳登陆，日本死亡人数超过了 10 万。其中的很多人是听说就算投降也会被杀后集体自杀身亡。据说，还有一些人是被应当保护平民的日本军队弃之不顾甚至杀害。

从 3 月到 5 月，包括东京在内的日本本土各城市都遭到了轰炸，首都东京半数成为废墟。已经到了应当停战的时候了，但政府和军部都没有采取措施（因为一旦战败，这些人最先要被问责，国民的利益根本不在他们的考虑范围内）。7 月，美国、英国、苏联在德国波茨坦召开会议，之后，美国、英国和中国向日本发出了劝降宣言（《波茨坦公告》）。但日本政府讨论之后，决定置之不理。于是，8 月 6 日，美国向广岛投掷了原子弹（死者达十余万人，这是违反国际法的行为，直到今天人们依然遭受辐射的影响）。8 月 8 日，苏联对日宣战。8 月 9 日，美国又向长崎投掷了原子弹（死亡人数同样达到了十多万）。到了这一步，日本终于在 8 月 15 日决定接受《波茨坦公告》，天皇宣布日本投降。

GHQ 改革

日本投降之后，以美国为中心的盟军最高司令官司令部（即 General Headquarters，在日本通称为"GHQ"）占领了日本。最高司令官麦克阿瑟为了削弱日本实力，实现日本民主化，实施了各项政策。解散了军队，停止发展军事工业，废止《治安维持法》和特别高等警察（简称特高，令反战的国民深深恐惧）等，还施行了很多旨在实现日本民主化的政策。

根据 GHQ 的命令，日本解散了财阀，以消除日本战时体制的经济支撑。因为包括三井、三菱、住友、安田这四大财阀在内的日本财阀在战争中获得了巨大利益。

在农村，国家实行了农地改革，强制从大地主手中收购土地，并将这些土地低价卖给佃农，由此产生了众多自耕农。佃农无法违抗地主的命令，所以形成了纵向的命令系统。GHQ 就是要把纵向的系统改成横向型（纵向型有助于统一意见，有利于将上位者的想法付诸实行，容易产生独裁，导致战争）。这些获得了土地的自耕农中的很多人都因后来的泡沫经济发了大财，值得我们的深思。

同时，逮捕了负有战争责任的政治家和军人，并对其进行审判（东京审判，也就是远东国际军事审判）。

而在 GHQ 的命令下，天皇宣布自己是人而不是神，否定其作为"现代人世间的神"的地位。这是为了杜绝日本人产生"日本是神国，所以任何战争都会获胜"的想法。但是，GHQ 又认为统治日本离不开天皇，所以没有处罚天皇（考虑到处罚天皇反而会引起日本混乱，而且天皇对 GHQ 仍有利用价值）。

1945 年，日本修改了选举法，女性终于获得了选举权。至此，20

岁以上的男女都拥有了选举权，实现了名副其实的普通选举。当然，女性也可以竞选议员。

同年，日本还制定了《劳动组合法》，允许国民成立工会。紧接着，又在 1947 年制定了《劳动基准法》，规定了劳动条件的最低标准，禁止劳动者在过分苛刻的条件下劳动。教育方面，废止了《教育敕语》①，并在 1947 年制定了《教育基本法》，遵照民主主义实施教育。男女同校也是在这时得到批准的。

《日本国宪法》的制定

在 GHQ 的指导下，《大日本帝国宪法》修正案经过了数次讨论。最初由日本自行制定修正案，但日本只是在原有宪法基础上替换了一些用词，近乎糊弄。于是 GHQ 非常生气，自行制定并提交了宪法修正案。在 GHQ 的坚持下，最终日本政府只是对该修正案作了少许的修改就通过了。

这就是《日本国宪法》。因此，《日本国宪法》的原文是英语写成的。有很多人认为这是外国人强加给日本的，必须修改。虽然事实的确如此，但从手续上来说，这部宪法完全是按照《大日本帝国宪法》中的规定修订的，所以毫无疑问是合法的。

《日本国宪法》于 1946 年 11 月 3 日公布，并于半年后，即 1947 年 5 月 3 日生效。日本把宪法公布的时间定为文化日，将宪法生效时间定为宪法纪念日，作为全国性的节日庆祝。

《日本国宪法》有 3 个原则，称为"宪法三大原则"。即国民主

① 《教育敕语》，日本明治天皇颁布的教育文件，其宗旨成为二战前日本教育的主轴，其内容过度侧重于国家主义，并在昭和年间成为军国主义的教典。——编者注

权、尊重人权、和平主义。这和天皇主权、用法律限定国民权利、以天皇为陆海军统帅的《大日本帝国宪法》截然不同。此外，取消了义务兵役制，取而代之的是义务劳动。

联合国的成立与冷战的开始

1945 年，各国出于对二战和国际联盟的反省，成立了旨在维护国际和平的机构——联合国，总部设在美国纽约。除了由所有会员国组成的联合国大会外，还设置了旨在讨论和平问题的安全理事会（即安理会），美国、苏联、英国、法国、中国这 5 个大国是安理会的常任理事国。常任理事国拥有否决权，只要常任理事国中的任何一国使用否决权，决议就无法通过。

在二战中面对法西斯主义时，世界各国团结一致，但在大战结束，作为共同敌人的法西斯国家不复存在后，以美国为中心的资本主义国家（西方）和以苏联为中心的社会主义国家（东方）之间再次出现了对立，这就是冷战。为了增强各自的势力，东西双方不断扩大己方阵营。以西欧诸国和美国为中心的西方阵营成立了北大西洋公约组织（NATO），相对地，以苏联和东欧各国为中心的东方阵营则成立了华沙条约组织（WTO）。

由于美苏两国都是超级大国，为了避免直接开战进而引发世界大战，他们经常在其他国家和地区发生纷争，利用其他国家和地区实行代理战争，其中德国最为悲惨。当时，德国被分为美国支持下的西德（德意志联邦共和国）和苏联支持下的东德（德意志民主共和国），甚至在位于东德的原德国首都柏林建起柏林墙，把柏林分为东西两部分，禁止双方居民往来（这种状态一直持续到 1989 年）。

朝鲜战争

冷战给曾被日本占领的朝鲜半岛也带来了巨大影响。以北纬38度为分界线，北部成立了朝鲜民主主义人民共和国（北朝鲜），南部则成立了美国支持下的大韩民国。两国一直关系紧张，到1950年，战争终于爆发，就是朝鲜战争。对此，美国派遣联合国军队支援韩国（联合国在苏联缺席的情况下通过了决议）。而1949年社会主义国家中华人民共和国成立，组织了志愿军支援朝鲜。在这场战争中出现了历史上首次喷气式飞机的大规模对决。

朝鲜战争爆发后，美国对日政策出现了180度大转弯。此前，美国主要是想削弱日本实力，但是此后，美国将日本视为同盟国，利用日本作为阻挡共产主义的防洪堤，并试图重新武装日本。但由于日本宪法规定日本遵循和平主义，放弃使用武力，而且该宪法还是由美国强加给日本的。因此以维持治安的名义，日本建立了武器装备优良的警察预备队，后来发展成保安队，并进一步发展成为自卫队。

旧金山会议

1951年，为了让日本成为资本主义阵营中强有力的一员，美国加快了对日和谈的步伐。日本是亚洲唯一一个与欧美为敌，并且有过获胜经验的国家，所以美国力图拉拢日本。1951年9月4日，在美国旧金山召开了旧金山媾和会议，日本和以美国为首的资本主义国家之间签署了《旧金山对日和约》（日方全权代表是吉田茂）。在这里需要注意的是，该条约是日本与西方诸国签订的，而此时日本还未恢复与东方诸国的正常邦交。但是不管怎么说，日本终于结束了被占领的状态，恢复独立。与此同时，日美之间还签订了《日美安全保障条约》（也称为《安保条约》），美军以维护日本和东亚安全的名义驻留日本。直到今天，包括冲绳美军基地在内，日本国内还有多个美军基地。

《日苏共同宣言》和加入联合国

虽然日本已经恢复独立，但还存在着如何与社会主义国家恢复邦交的问题。由于二战末期，苏联对日出兵，攻占了北方四岛，引发了日本与苏联之间的北方四岛问题。当时日本国内舆论论调不一，历经重重波折后，1956 年，鸠山一郎内阁与苏联签署了《日苏共同宣言》（但是还未签订和平条约，苏联就解体了）。

同年，在苏联的支持下，日本终于加入了联合国。后来，日本成为联合国安全理事会的非常任理事国。同时，有人认为日本向联合国支付的会费仅次于美国，位居世界第二，居然不是常任理事国，并不合理，因此至今日本依然努力争取"入常"。

经济高速发展

在朝鲜战争特需的刺激下，20 世纪 50 年代后半期，日本经济已经基本恢复到战前水平。自此，在长达二十多年的时间中，日本经济实现了飞速成长，被称为"世界奇迹"，经济高速发展。其中，钢铁、汽车等重工业实现了飞跃。1964 年，承办东京奥运会，同年，东海道新干线开通。1970年，承办了大阪世博会，同年，东名高速公路开通。在经济高速发展期，日本的国民生产总值（GNP）高速增长，1968年，GNP仅次于美国，跃居世界第二。能够实现这样的飞跃，要归功于当时日本人的勤劳、巧手和善于学习、运用技术的品质。

同时，由于《和平宪法》规定日本不得拥有军队，节省了一大笔军事开支。此外，在当时冷战的形势下，美国将日本视为安全保障的同盟，在政策上倾向于日本，不可否认，这也是日本经济快速发展的因素之一。

但是，经济高速成长带来的并不都是好处。不可否认，工厂和道路的建设、城市的发展与开发等导致自然遭到破坏。由于严重偏向工业的经济政策，日本的粮食自给率下降，引起农村人口过疏、城市人口过密的问题。经济高速发展带来的问题中，最严重的是公害问题。1967~1969年，四大公害病问题引发了多起诉讼。熊本县水俣湾的工厂废水造成的水俣病，三重县四日市的亚硫酸气体导致大气污染造成的四日市哮喘、岐阜县神冈矿山的镉排放到神通川下游造成的福冈县居民的痛痛病，以及新潟县阿贺野川的新潟水俣病，统称为"四大公害病"。即使这些诉讼都是原告获胜，死去的人也无法复活，患上的病也无法痊愈。后来，政府制定了《公害对策基本法》，设立了环境厅，但依然不能忽视经济发展带来的负面问题。

领土归还

美国分别在1968年和1972年，将小笠原群岛和冲绳归还给了日本。但北方四岛的问题，直到现在依然悬而未决。

石油危机

1973 年，中东发生了第四次中东战争。欧洲将属于极远的东方称为"远东"（特指日本），而不远不近的地区称为"中东"。中东主要包括阿拉伯半岛上的沙特阿拉伯、阿拉伯联合酋长国（UEA）以及伊朗、伊拉克等国。犹太人在此建立了以色列，并与阿拉伯人之间爆发了战争。

这就是中东问题，直到今天依然存在。我们经常可以在新闻中看到在中东地区发生自杀式爆炸事件等新闻。那么，1973 年的第四次中东战争导致了什么问题呢？当时，中东的石油输出国联合大幅抬高石油价格，并宣称不向支持以色列的国家出售石油，导致日本国内的石油价格暴涨。由于缺少石油，工业发展的速度立刻放缓，出现了抢购卫生纸（以石油为原材料）、加油站在星期天关门、电视节目提早结束等各种混乱。因此，战后一直处于上升阶段的日本经济停止了发展，开始告别经济高速发展时期。这次事件被称为"石油危机"。

此后的 1978 年，受伊朗革命的影响，又发生了第二次石油危机。但这次石油危机没有给日本造成前一次时的大骚乱。日本也从中学到了经验。

和中国、朝鲜的关系

战后日本与中国的关系方面，1972 年，首相田中角荣（因洛克希德事件①出名）与中国政府签署了《中日联合声明》，恢复两国邦交，并与此前一直保持外交关系的中华民国断交。为了纪念中日邦交正常化，中国向日本赠送了大熊猫康康和兰兰，在日本引起了轰动。随后，1978 年首相福田赳夫执政期间，与中国政府签订了《中日和平友好条约》，并持续至今。

和韩国的关系方面，1965 年，日本和韩国签订了《日韩基本条约》。而在和朝鲜的关系上，直到现在还没有出现恢复邦交的可能性。

贸易摩擦

虽然经济快速发展期结束了，但在经历了石油危机后，日本的经济仍在继续发展。当时，日本是加工贸易国，即从他国进口原料，然后出口产品，大部分产品都出口到了美国，远远超出进口，所以日本与美国之间产生了贸易摩擦。此后，日本经济形势恶化，而美国经济逐渐恢复，因此，现在贸易摩擦问题已不复存在了。

冷战结束

1985 年，苏联共产党主席戈尔巴乔夫开始了新思维改革，同时推进了信息公开（glasnost publicity），导致苏联和美国的关系一下子拉近。1989 年，柏林市民推倒了柏林墙，东西德国统一，美国总统乔

---

①洛克希德事件，发生于 1976 年，是日本战后四大丑闻之一，始于 1976 年 2 月爆发在美国的洛克希德行贿案。田中角荣涉入该案，并因受贿和违反外汇管理法而遭到逮捕和起诉。——编者注

治·布什和戈尔巴乔夫进行了马耳他会谈，宣布冷战结束。紧接着苏联解体，原苏联 15 个国家中的 12 个组成了独联体。联合国的常任理事国之位由俄罗斯共和国继承，一直持续到现在。

但是，冷战结束并不意味着世界上从此再无战争。美国以世界警察自居，而反对美国的伊斯兰势力制造恐怖活动，出现了一种不发生在国家与国家之间的新战争形式。2001 年发生的包括"9·11"事件在内的多起恐怖事件便属于这一类。同时，围绕伊拉克问题，1991 年发生了海湾战争，随后又发生了直到现在还在进行战后处理的伊拉克战争。

泡沫经济

20 世纪 80 年代后半期，东京附近首都圈的土地价格大涨，以此为抵押，银行向企业和个人发放了巨额贷款，而企业和个人将贷款用于购买股票等投资，日本经济出现了空前繁荣。但是，随着投机的人越来越多，房地产和股票的价格远远超过了其本身价值，这就是泡沫经济。1991 年前后，泡沫经济毫无悬念地破灭了，此后日本进入被称为"失去的 10 年"的长期经济低迷期。

现在摆在日本面前的课题

进入 21 世纪后，少子化、老龄化成为日本的一大问题。随着价值观的多样化和女性越来越多地在社会上发挥重要作用，出生婴儿数大幅度减少，结果导致日本人口开始出现负增长。医疗技术的进步使人口迈入老龄化。可以想象，接下来还会出现养老金、照顾老年人以及市场萎缩等严重问题。

之前，日本被称为中产阶级社会，与外国相比贫富差距较小。很多企业开始不再实行论资排辈、终身雇佣等制度，取而代之的是结果至上、能力至上的薪资体系，各种规定也开始放松，贫富两极严重分化的社会即将到来。

环境问题现在已成为世界性问题，也是今后的重大课题。

遏制恶性犯罪增加的势头也是今后的重要课题之一。在日本，夜不闭户的安全神话已成为过去。

此外，近乎天文数字的国债也是不容忽视的问题。现在每个国民身上都背负着数百万日元的国债，随着人口的减少以及中国等亚洲诸国的发展，也不能期待今后的税收有大幅度增长。但是，国家和自治团体并没有削减不必要的贷款、公共支出以及过高的劳务费。如果继续这样，可以想象在不久的将来，日本经济就会走向崩溃。这同样是留给日本的重要课题。

图书在版编目（CIP）数据

说说日本这点事儿 ／（日）后藤武士著；傅玉娟译. 一
北京：新星出版社，2013.8
ISBN 978-7-5133-0790-1

Ⅰ.①说…　Ⅱ.①后…②傅…　Ⅲ.①日本－历史－
通俗读物　Ⅳ.①K313.09

中国版本图书馆CIP数据核字〔2012〕第229467号

著作权登记图字：01-2012-5149

说说日本这点事儿

〔日〕后藤武士 著

傅玉娟 译

责任编辑　汪　欣
特邀编辑　余雯婧　傅奕群
装帧设计　韩　笑
内文制作　博远文化

出　　版　新星出版社　www.newstarpress.com
出 版 人　谢　刚
社　　址　北京市西城区车公庄大街丙3号楼　邮编 100044
　　　　　电话 (010)88310888　传真 (010)65270449
发　　行　新经典文化有限公司
　　　　　电话 (010)68423599　邮箱 editor@readinglife.com

印　　刷　三河市中晟雅豪印务有限公司
开　　本　890毫米×1270毫米 1/32
印　　张　7.5
字　　数　130千字
版　　次　2013年8月第1版
印　　次　2013年8月第1次印刷
书　　号　ISBN 978-7-5133-0790-1
定　　价　29.50元